ESTHER SANCHEZ-GREY ALBA
Drew University, N.J.

TEATRO CUBANO
TRES OBRAS DRAMATICAS
DE
JOSE ANTONIO RAMOS

(Senda antológica)

SENDA NUEVA DE EDICIONES
NEW YORK
1983

Copyright © By Esther Sánchez-Grey Alba
Senda Nueva de Ediciones Inc.
P.O. Box 488
Montclair, N.J. 07042

ISBN: 0-918454-30-1
Library of Congress Catalog Card
Number: 81-84199

All rights reserved. No part of this publication covered by the copyright hereon may be reproduced or used in any form or by any means —graphic, electronic or mechanical, including photocopying, recording, taping or information and retrieval systems—without written permission.

Printed in the United States of America
Impreso en los Estados Unidos de América

TEATRO CUBANO
TRES OBRAS DRAMATICAS
DE
JOSE ANTONIO RAMOS
(CALIBAN REX, EL TRAIDOR Y
LA RECURVA)

OBRAS PUBLICADAS POR SENDA NUEVA DE EDICIONES

I. SENDA BIBLIOGRAFICA
Elio Alba-Buffill y Francisco E. Feito. *Indice de El Pensamiento [Cuba, 1879-1880].*
Alberto Gutiérrez de la Solana. *Investigación y crítica literaria y lingüística cubana.*

II. SENDA NARRATIVA
Oscar Gómez Vidal. *¿Sabes la noticia...? ¡Dios llega mañana!* (cuentos)
Ignacio R. M. Galbis. *Trece relatos sombríos.* (cuentos)
Alberto Guigou. *Días ácratas. Sin ley ni Dios.* (novela)
Charles Pilditch. *The Look* (*La mirada*, novela de René Marqués)
Elena Suárez, *desde las sombras* (cuentos).

III. SENDA DE ESTUDIOS Y ENSAYOS
Octavio de la Suarée, Jr. *La obra literaria de Regino E. Boti.*
Rose S. Minc. *Lo fantástico y lo real en la narrativa de Juan Rulfo y Guadalupe Dueñas.*
Elio Alba-Buffill. *Los estudios cervantinos de Enrique José Varona.*
Rose S. Minc., Editor. *The Contemporary Latin American Short Story [Symposium].* Montclair State College.
Rosa Valdés-Cruz. *De las jarchas a la poesía negra.*
Ada Ortuzar-Young. *Tres representaciones literarias en la vida política cubana.*
Suzanne Valle-Killeen. *The Satiric Perspective: A Structural Analysis of Late Medieval, Early Renaissance Satiric Treatises.*
Festschrift José Cid-Pérez. Editores: Alberto Gutiérrez de la Solana y Elio Alba-Buffill.
Ignacio R. M. Galbis. *De Mío Cid a Alfonso Reyes. Perpectivas críticas.*
Angela M. Aguirre. *Vida y crítica literaria de Enrique Piñeyro.*
Arthur Natella Jr. *The New Theatre of Peru.*
Marjorie Agosin. *Los desterrados del paraíso en la narrativa de María Luisa Bombal.*
Michele S. Davis. *Dramatist and his Character.*
Mercedes García Tudurí y Rosaura García Tudurí. *Ensayos filosóficos.*

IV. SENDA POETICA
Lourdes Gil. *Neumas.*
Gustavo Cardelle. *Reflejos sobre la nieve.*
Xavier Urpí. *Instantes violados.*
Esther Utrera. *Mensaje en luces.*
Eugenio Florit. *Versos pequeños* (1938-1975).
Frank Rivera. *Construcciones.*
Marjorie Agosin. *Conchalí.*
Raquel de Fundora de Rodríguez Aragón. *El canto del viento.*

V. SENDA ANTOLOGICA
Alberto Gutiérrez de la Solana. *Rubén Darío: Prosa y Poesía.*
Roberto Gutiérrez Laboy. *Puerto Rico: Tema y motivo en la poesía hispánica.*
Jorge Febles. *Cuentos olvidados de Alfonso Hernández Catá.*
Esther Sánchez-Grey Alba, *Teatro cubano. Tres obras dramáticas de José A. Ramos.*

VI. SENDA LEXICOGRAFICA
Adela Alcantud. *Diccionario bilingüe de psicología.*

VII. SENDA DIDACTICA
Alicia E. Portuondo y Greta L. Singer. *Spanish for Social Workers.*

A Elio y Susana

INTRODUCCION

El teatro como arte se remonta a los lejanos tiempos de la Grecia antigua pero los que nos ocupamos de estudiarlo dentro de nuestra realidad americana, desembocamos ineludiblemente en las últimas décadas del siglo pasado para encontrar algo que refleje de alguna manera el hálito vital del Nuevo Continente, ya sea en los personajes que respondan a situaciones netamente autóctonas, o en la forma especial de adaptar los moldes europeos dentro de las problemáticas locales en ese intento de los dramaturgos de cada región por sentar las bases de un teatro nacional. No es que el teatro no existiera en América a la llegada de los españoles. Mientras en España se celebraban las festividades religiosas con dramatizaciones de pasajes bíblicos —los famosos autos sacramentales— y la férvida imaginación española dejaba escapar algunas farsas laicas de ambiente local, en las lejanas altiplanicies incaicas se celebraban ceremonias rituales con participación de danzas que algunas veces iban acompañadas de cantos, recitaciones, diálogo y hasta máscaras y disfraces. Cuando las dos culturas se enfrentan, en ese encuentro definitivo, gestador de una cultura realmente nueva —la que se fue formando a través de los siglos a resultas de un proceso de fusión, erosión y engranaje o acoplamiento de distintos factores étnicos— los misioneros encuentran en el teatro un camino inmediato de comunicación con las grandes masas aborígenes y a los efectos de la catequización se introducen en las fórmulas teatrales medievales muchos de los elementos del incipiente teatro indígena[1]. A partir de entonces el arte dramático colonial es uno más a enriquecerse con nuevos elementos o formas distintas de expresión de las cuales empiezan a dar cuenta las crónicas españolas. Por ellas se sabe que estas piezas teatrales se representaban a veces en castellano y en otras ocasiones en quéchua y aún hoy podemos ser testigos de vestigios de aquella fusión cultural si reparamos en ciertas fisonomías y adornos de las máscaras que tradicionalmente se conservan en la celebración de determinadas fiestas autóctonas en distintos lugares, a veces muy apartados, de nuestra América.

Durante el largo período de colonización prevaleció, como es lógico, la influencia española. Es preciso fijarse en ciertas fechas: España pone su planta en América en el siglo XVI, es decir, que a la vez que ganaba territorios y conquistaba pueblos, en el campo de las letras vivía la época gloriosa de la Edad de Oro y aunque la comunicación entre la metrópoli y las colonias era lenta y además la censura imponía restricciones extremas, es lo cierto que resultó una feliz coincidencia esta entrada de América en la literatura hispana, bajo los auspicios de tan gran acontecimiento. A resultas de ello surgen durante el largo período colonial, tres grandes figuras en el mundo hispanoamericano cuyas obras entran a tener, por derecho propio, un puesto de honor en el acervo hispánico y son recogidas en las antologías de literatura tanto peninsular como hispanoamericana, puesto que por formación corresponden a una y por origen a la otra. En el caso de Juan Ruiz de Alarcón, mucho se ha discutido —y todavía se trata y estudia sobre la mexicanidad de sus obras[2] y algo similar pasa con la cubana Gertrudis Gómez de Avellaneda, ya en pleno siglo XIX, pero en definitiva estos dos autores van a España y reciben la directa influencia española, pero más sorprendente es Sor Juana Inés de la Cruz, que nunca salió de su nativo México. La iniciativa literaria era necesariamente a la manera española, no sólo por las restricciones coloniales en un principio, sino porque la mentalidad hispanoamericana estaba formada a ese acatamiento literario y por eso, como decía José Antonio Ramos analizando esta situación, «era como un atentado a los prestigios de la raza la intención siquiera de escribir mirando hacia adelante»[3].

No es hasta el siglo XIX, bajo el influjo del romanticismo, que saltan a la escena americana tipos, usos y costumbres que responden a determinadas regiones. Ya lo criollo tiene un sedimento de muchas generaciones que le han dado ciertas características propias. Además, las tendencias románticas del momento van hacia la idealización del pasado lejano, pero en América, que lleva décadas de lucha por romper ataduras coloniales porque ya hay conciencia de madurez, lo remoto resulta o casi desconocido, por haberse producido la decapitación de la cultura aborigen —para usar el concepto tan bien empleado por Pedro Henríquez Ureña— o de ingrata recordación porque los devuelve al presente que se quiere cambiar. Ante esta disyuntiva, el dramaturgo hispanoamericano opta por presentar una realidad que es inmediata pero que le resulta muy suya; la mayoría de las veces con un propósito de crítica o bien social o bien política, o quizás social y política a un tiempo.

El siglo XX trae nueva savia al mundo americano: los últimos lazos del colonialismo español se han roto con el reconocimiento de

Cuba como nación independiente; no hay solidez de conciencia ciudadana en casi ninguna de las nuevas repúblicas pero sí una gran ansia de crear y superar errores. En todas partes del continente surgen los forjadores de pueblos que difunden doctrinas, establecen principios y señalan senderos. Casi todos coinciden con los precursores finiseculares de la centuria anterior, entre los que descuella Martí, en que la idea clave de germinación de una América que sea realmente *nuestra*, es la originalidad y a ser originales se lanzan estos pueblos jóvenes en todos los ámbitos del humano devenir.

La mayoría de edad de Hispanoamérica se ha de apreciar de inmediato en que las nuevas ideas y filosofías de la cultura occidental no van a llegar a través de la interpretación de la metrópoli, sino de una manera directa porque Hispanoamérica queda expuesta al mundo. La Humanidad había aprendido a buscar la verdad por la observación inmediata de las cosas, como consecuencia del desarrollo científico de la época, por eso, en el campo de las artes, el romanticismo fue cediendo ante la perspectiva objetiva del realismo y el teatro, que es quizás una de las artes más sensibles a reaccionar a los fenómenos generacionales tal vez porque requiere el concurso de muchos para poder ser, no como la narrativa, la poesía, la pintura, la escultura o la música que es obra de uno y queda en espera de otro que se comunique con ella, el teatro, repito, fijó su atención en muchos problemas sociales que fueron llevados a escena dentro del mayor verismo posible. Emile Zola, movido por su admiración de la teoría cientificista de Augusto Comte, trae al teatro las ideas naturalistas, animado por el deseo de hacer de éste un instrumento de estudio y análisis de los males sociales para buscar la solución de los mismos.[1] Por otra parte, Henrik Ibsen contribuía determinantemente a sentar nuevas normas y conceptos en la técnica teatral basados en situar personajes y acción dentro de circunstancias afines al mundo de su época, con lo cual le daba impulso a la escuela realista.

Estas nuevas orientaciones representaban tendencias completamente renovadoras de las fórmulas teatrales y por ende un paso decisivo hacia lo que se conoce por teatro moderno. Coincidiendo con ese momento histórico encontramos que los dramaturgos hispanoamericanos se volvían hacia su realidad circundante para darle a la escena carta de ciudadanía nacional a través de la reproducción de rasgos, de lenguaje y de vestidos que le dieran identificación. Por eso, las nuevas corrientes europeas que se habían difundido ampliamente después que el Teatro Libre de André Antoine las había dado a conocer en París, encontraron fácil eco en el Nuevo Mundo. Además, circulaban muchas traducciones al castellano de la literatura naturalista e ideológica y desde luego, no se puede desconocer tampoco la inevitable influencia del drama español que respondía también a los nuevos cambios a través de la obra de Benito Pérez Galdós primero y luego, de Jacinto Benavente y otros que les siguieron. La realidad hispanoamericana ofrecía muchas posibilidades y por otra parte, se sentía la imperiosa necesidad de hacer rectificaciones y encontrar vías de solución a problemas sociales y políticos. De esa manera, el ambiente y las circunstancias eran propicias a las experimentaciones. En la región del Plata, el teatro costumbrista se había desarrollado extraordinariamente pero llegó un punto en que perdió vitalidad porque los personajes de la gauchesca que habían despertado gran interés, quedaron estereotipados dentro de situaciones caseras. Florencio Sánchez saca a escena las realidades del momento: los conflictos familiares que resultan de la inadaptación o incomprensión de los cambios en las costumbres y modos de vivir que traen los avances de la ciencia y el progreso o el terrible desgarramiento del despojo de la tierra que padece la figura ya hecha un símbolo, de Don Zoilo.[5] En esta dirección trabajan también otros dramaturgos contemporáneos de Sánchez, Roberto J. Payró y Gregorio de Laferrere y contribuyen todos a darle al teatro hispanoamericano un sentido de identidad. Como apunta Carlos Solórzano al estudiar a Florencio Sánchez, «Es evidente que este teatro de costumbres de reivindicación popular ante las formas culteranas heredadas del romanticismo, traía ante los espectadores la posibilidad de reconocerse a sí mismos e identificarse con los personajes que expresaban la problemática local».[6]

En casi todos los escenarios de América tuvo algún tipo de interpretación esta modalidad teatral, según fueran las circunstancias sociales o políticas que se vivieran. Cuba no fue indiferente a la misma pero su expresión estaba limitada todavía por la imposición colonial, por lo tanto el único indicio de autonomía que pudiera indicar que se estaban echando las raíces de un teatro genuinamente cubano era en el espíritu combativo y en las alusiones a la epopeya mambisa que aparecían en muchas de las piezas presentadas durante el período revolucionario que culmina con la instauración de la república en 1902. El género chico criollo también hace su aporte ya que «llegó a convertirse, durante este período, en la crónica teatralizada de los sentimientos y emociones del pueblo cubano»[7]. En estas obritas de teatro bufo cobran vida tipos populares con su peculiar modo de hablar, de vestirse y de vivir que representan ciertos segmentos del conglomerado social del pueblo cubano y que animan situaciones del ambiente callejero, pero, desde luego, esta modalidad en la que lo cómico es lo determinante, no era la respuesta deseada para el ambiente teatral que empezaba a despertarse en el resto del continente.

Por esa natural tendencia del cubano a diluir en comicidad los más serios problemas, que tan magistralmente analizó Jorge Mañach en su *Indagación del choteo*, el teatro bufo siguió, durante los primeros años de república, gozando del favor del público. Fuera de esto, como teatro serio, frecuentaban la Isla muchas compañías extranjeras que ya traían sus obras montadas y por lo tanto no había ocasión de que se presentaran las piezas de los dramaturgos locales. La reacción tenía que surgir y en 1910 se funda la Sociedad de Fomento del Teatro por un grupo de interesados en la alta calidad entre los que se encontraban José Antonio Ramos, Bernardo G. Barros, Max Henríquez Ureña y Luis Baralt y logran presentar en el antiguo Teatro Tacón, algunas obras de Martí, de la Avellaneda y de algunos otros autores cubanos, pero la iniciativa no encontró la acogida que debió tener ni por parte del público ni de las esferas oficiales. Es oportuno quizás, recordar aquí un comentario personal del propio Ramos, a propósito de esta empresa que aparece incidentalmente en su *Panorama de la literatura norteamericana* cuando comenta de los inicios del teatro estadounidense promovido por el esfuerzo personal de un reducido grupo de entusiastas que acogen en su rústico escenario de la villa marítima de Provincetown, en Massachussetts, varios de los autores y actores que despues alcanzaron gran reconocimiento entre ellos Eugene O'Neill. Dice así Ramos:

> «Algunos años antes— y perdóneseme esta nota personal— y sin la menor idea de lo que había de ocurrir en Norteamérica, Bernardo G. Barros, Max Henríquez Ureña y el que suscribe, con el auxilio de otros amigos, emprendimos en la Habana parecida empresa, con cierta «Sociedad de Fomento del Teatro». Lo que nos sucedió cae fuera de este libro. Quizás algún día me decida a recordarlo. ¡Y eso que de nuestro lado «latino» teníamos a «Ariel»...!»[8]

A este primer esfuerzo siguieron otros con mayor o parecido éxito.

Si bien estos grupos de interesados en el buen teatro no lograron éxito aparente, es innegable que sí estimularon la literatura dramática bien fuera por las oportunidades de producción que ofrecían o por los concursos que en la esfera privada u oficial se convocaron para auspiciar la creación nacional. Como resultado muchos jóvenes dramaturgos se lanzaron a escribir dentro de las corrientes universales del momento y algunos de ellos dejaron aportes sustanciales. Tenemos que Marcelo Salinas, por ejemplo, figura entre los autores que cultivaron el costumbrismo «con un acento más hondo en la acusación y la denuncia»[9]; otros, como José Antonio Ramos, usan fórmulas universalistas para entrar en el análisis sociológico de la sociedad de su época; Luis Alejandro Baralt tiende a lo poético; José Cid Pérez a lo psicológico; Flora Díaz Parrado incide en el grotesco. Son, evidentemente, pioneros en lo que eventualmente ha de ser el arte teatral cubano. Hubo otros que mostraron sorprendentes habilidades como Sánchez Galarraga, Sánchez Varona o Montes López, pero tratar de enumerarlos a todos sería imposible. Como resumen de la actividad teatral de las primeras décadas republicanas en Cuba, Frank Dauster dice que «mostraba los mismos altibajos visibles en los demás países: tentativas más o menos constantes de romper la rutina del teatro comercial intrascendente, bifurcación de los dramaturgos serios entre una marcada línea social y el afán de llevar al teatro americano, las nuevas corrientes de otros países, y sobre todo, una nueva gestación con sus raíces en los últimos años de la década de los veinte.»[10] Sin embargo, Juan J. Remos[11] se duele de que en esa «comedia de mayores alientos» no hubieran puesto énfasis, los autores cubanos, en reflejar indicios de la individualidad nacional en los sentimientos y costumbres de sus personajes. No es suficientemente sólido —sostiene él— el argumento de que en dichas obras se trataban temas universales. También Francisco Ichaso se muestra insatisfecho con los resultados obtenidos en las tres primeras décadas republicanas. Sus reproches dan quizás justificación a la deficiencia que señalaba Remos, pues dice, hablando de los propugnadores del teatro cubano: «Imitaban modelos que estaban ya superados. Y en un afán casi ético por huir de las ramplonerías de la sicalíptica escena vernácula, empezaron por prescindir de lo vernáculo»[12]. Pero a pesar de todo hay un propósito definido de superación que reconoce el mismo Ichaso al afirmar después de estos severos juicios: «Ahora existe, en algunos espíritus por lo menos, la actitud revolucionaria, Hay unos cuantos hombres que están convencidos de que con una vieja técnica europea no puede crearse un teatro nacional fuerte. Lo primero que hay que hacer, por tanto, es introducir las nuevas técnicas. No porque ellas sean las ideales, pues en definitiva todo teatro nacional, ha de crearse su expresión propia y su propio *metier*, sino porque son las que están más cerca de nosotros»[13] y en definitiva se muestra optimista pues ratifica que «Hay actualmente lo que no hubo en otros momentos, cargados sin duda de buena intención: un enfoque a larga vista del problema»[14]

Y entre esos hombres que buscan la manera de hacerle echar raíces al teatro nacional, es que encontramos a José Antonio Ramos. Tenía dos cualidades determinantes para lograr ese propósito: la primera, sentir un gran amor por Cuba que se hizo presente en casi toda su labor creativa, la mayoría de las veces para combatir vicios del medio ambiente o de la política o para denunciar el lastre de la colonia que él descubre con dolor en la nueva República; la segunda, una ferviente vocación por el teatro que demostró desde muy temprano cuando solicitó un modesto puesto diplomático en España «para ir a residir en el foco de la actividad teatral de nuestra habla, donde tengo la posibilidad de ver puestas en escena mis obras dramáticas»[15]. A través de este comentario, hecho a su buen amigo Max Henríquez Ureña, se pone en evidencia lo limitado que se aspectaba el ambiente teatral para la creación nativa. Poco después, en el prólogo a su obra *Satanás*, es más explícito: «Y a España vine porque entre nosotros —pueblo joven demasiado entretenido con los menesteres de su democracia, amplísima democracia recién implantada sobre las ruinas de un régimen colonial obscurantista— el teatro es un reflejo parcial y descaradamente mercantil del Arte»[16]. En dicho prólogo Ramos toma una definida posición de su perspectiva al criticar la tendencia de la dramaturgia peninsular hacia «lo frívolo y lo blando», según sus palabras, en un propósito manifiesto e injustificable a sus ojos, de huir de «la influencia de los maestros contemporáneos del Norte de Europa, que han devuelto al teatro su majestuosidad, su añeja nobleza de arte filosófico, su exaltación aristocrática, perdidas desde el frío decadentismo versallesco y no recobrados en el desbordamiento imaginativo del romanticismo».[17]

No era ésta, sin embargo, la primera vez que iba a Europa. Ya había ido antes a Madrid, en 1907, y había visitado París. Evidentemente, allá en el viejo continente, sintió muy de cerca el torbellino de las transformaciones sociales y técnicas que experimentó el mundo occidental a partir de la segunda mitad del siglo XIX. Por un lado, desde el punto de vista del autor las perspectivas eran muy amplias: tanto el naturalismo como el realismo fijaban su atención en la unidad física del Hombre como punto concreto y esto ya presentaba, como es lógico, una multiplicidad de posibilidades no ya desde su mundo exterior, sino desde el interior, que es infinito; por otro lado, en cuanto al aspecto escenográfico, el uso de la electricidad y la mecánica ofrecía muchos recursos de técnica para el montaje de una obra. Estas nuevas concepciones del arte dramático dan cabida a experimentaciones que navegan en contra de los convencionalismos para tratar de alcanzar verdades más amplias.

Es lógico que ese proceso transformativo de tan fuertes tonalidades haya impresionado el espíritu exaltado del joven autor. Muy temprano mostró, entre aquéllos que él llamó ensayos de adolescencia, la influencia directa de Ibsen en *Una bala perdida* en donde, además de coincidencia temática con *Un enemigo del pueblo*, hay otros recursos de técnica que lo denotan como es el énfasis en la motivación psicológica del protagonista, determinante en su proceder, y desde luego, la naturalidad en la exposición, evitando el uso de soliloquios y apartes, que había sido uno de los cambios más rápidamente aceptados dentro de lo que se conoce como teatro moderno y que Ramos adoptó desde el principio de su producción dramática. Posteriormente reelaboró esta pieza con el nombre de *Calibán Rex*, dándole un tono más simbólico que es sugerido inclusive en el título que implica el imperio del mal según la representación que Shakespeare le dió a su personaje Calibán en su famoso drama *La tempestad*, y que con tal significación se mantiene en la literatura universal pues bastaría recordar tan sólo el drama filosófico-político de Renán con ese nombre y el *Ariel* de Rodó que también está inspirado en la terminología shakesperiana. En esta obra, efectivamente, la mentira, la traición y el engaño, forman parte integral de la trama y resultan vencedores al final con la muerte del idealista que los combatía pero sin embargo queda insinuada la posibilidad de que esa victoria sea transitoria y que el caído sea reemplazado por otro más joven que continuará el camino señalado por su predecesor. Esa obra de Ibsen, *Un enemigo del pueblo*, tuvo gran repercusión en la dramaturgia en general. En el caso español específico, recuerda Andrés Franco que «Tanto Jiménez Ilundain como Juan Barco, al comunicarle a Unamuno sus respectivas impresiones sobre *La esfinge*, opinaban que el último acto se parecía al final de otro drama ibseniano, *Un enemigo del pueblo*»[18] Pero Franco señala como diferencia el planteamiento ético en la pieza de Ibsen y el religioso en Unamuno, a lo cual se puede añadir, para completar la comparación de esta trilogía, que Ramos le da un planteamiento patriótico.

    Otra reelaboración, muy feliz por cierto, de uno de sus ensayos iniciales llamado *La hidra* fue *Tembladera*. Con esto demuestra Ramos su actitud permanente de superación, de auto crítica; su voluntad implacable de hacer buen teatro, y ya sabemos qué noble promesa le animaba; «Yo no pienso sino en Cuba, y mi querida Patria puede esperar muy bien algunos años, teniendo, como es orgullo mío, tantos nombres esclarecidos que le darán mucho más de lo que me atreví un día a prometerle...»[19]. Pero él se siente indudablemente, obligado a hacer su parte, a contribuir, y en ese tono tan sincero que le caracteriza añade: «...Pero no es ésta ocasión de quedarme a medias...y allá va *Satanás*»[20]

Al parecer, ésta fue producto de una experiencia personal que tuvo con unos parientes lejanos allá en España. Es fácil imaginar el impacto que debió producirle a esta joven mente creadora, tan abierta a los cambios e influenciada por las nuevas corrientes que huían de lo convencional en el arte, el oscurantismo de una pequeña villa española. Construye la ficción dramática sobre la base de una estructura familiar en la cual quedan representadas varias generaciones, con sus distintas perspectivas y principios morales. El aire de modernidad lo trae el nombre francés de Lisette, la protegida de Esteban y el sobrenombre, también francés, con que ésta lo llama familiarmente. En esta pieza es posible también reconocer la influencia ibseniana en el tratamiento de sociedades cerradas que el autor noruego había presentado en *Un enemigo del pueblo* y en *El pato salvaje*. En la primera, confrontada la localidad por un problema de salud pública, se llegan a afectar hasta las relaciones familiares; en la segunda, la crisis se produce por motivos psicológicos dentro del círculo de la familia y en definitiva resulta sacrificada Hedwig, la hija ilegítima de Gregers, como lo es Lisette en *Satanás*.

No es posible pasar por alto el impacto que había producido la obra dramática de Henrik Ibsen en los útlimos veinte años del siglo XIX, no sólo en cuanto a técnica y a perspectivas de planteamiento, sino en lo referente a su audacia en acometer ciertos temas sobre problemas sociales que hasta entonces no se consideraban ni siquiera posibles de sacar a la consideración del público. Recuérdese la reacción que produjeron obras tales como *Casa de muñecas*, *Espectros* y *Un enemigo del pueblo*. José Antonio Ramos, no fue, evidentemente, indiferente a esto. Además se avenía a su actitud de independencia ideológica y, en España, publica *Liberta*, novela escénica en cuatro jornadas, que recoge los ímpetus reformadores de Mercedes, a imagen y semejanza de la Nora de *Casa de muñecas*. Tenemos aquí uno de esos personajes femeninos que «se proyectan hacia el futuro» en contraposición a otros que «se proyectan hacia el pasado», según la clasificación que de los protagonistas de Ramos hace Montes Huidobro[21]. Con ello se estaba haciendo eco además de las avanzadas ideas que en este asunto de la limitación social de la mujer, ya había lanzado aquí en América, en la *Revista Sudamericana* de Chile, en 1873, el gran ensayista puertorriqueño Eugenio María de Hostos[22]. Dolores Martí de Cid, recuerda que en una conferencia en el Club Femenino de Cuba, once años después de publicada *Liberta*, todavía afirmaba que «el feminismo es un hecho histórico-económico, real, indiscutible e indestructible»[23]. Pero en España no pudo hallar buena acogida una obra tan revolucionaria que resultaba incompatible con las ideas de la época. Jacinto Benavente deja constancia de esto en una carta que Ramos incluyó como prólogo de *Liberta* cuando le dice: «Se resigna usted a publicar esta obra, seguro de no hallar empresarios ni actores que se atrevan a representarla»[24] pero salva su criterio personal pues añade: «Si yo fuera empresario su obra de usted se representaría; si yo fuera abonado me interesaría más oyéndola que con cualquier Maitre des forges, Fedora o Mme. Sans Gene...La obra es obra de arte y es algo más también...Es obra generosa, de rebeldía y de protesta...»[25].

Con *Liberta* publica *Cuando el amor muere...* que tiene en común el planteamiento de la desventajosa posición de la mujer dentro de los convencionalismos sociales. Aquí se aprecia la influencia del teatro intimista de Chéjov que surge como reacción a los excesos del realismo y que, como aquél, se proyecta en todas las latitudes. Los factores psicológicos de los protagonistas ante el problema tan humano y universal del amor, crean una atmósfera de sentimientos y emociones a lo Chéjov. En esa elaboración psicológica también pudiera verse la influencia del francés Francois de Curel o del alemán Gerhard Hauptmann que tanta compasión mostró por el sufrimiento humano y a los cuales Ramos mencionó en más de una ocasión, con grandes muestras de entusiasmo, pero sobre todo hay un sentido pirandeliano en cuanto al planteamiento de que lo verdadero o lo justo es una cuestión de perspectiva y en la técnica de obra inconclusa con que sorprende al lector que es invitado por el autor a que le dé el desarrollo que mejor le plazca a este esbozo de comedia.

De más delineados perfiles dentro de la escuela benaventina, es *Tembladera* que le valió el primer premio en el concurso de literatura de 1916-1917, convocado por la Academia Nacional de Artes y Letras. Vuelve aquí a plantear una situación de la realidad cubana, como lo había hecho ya en *Calibán Rex* y lo hará más tarde en *La recurva* y en *FU-3001*. El tema de la tierra que se le quita a las manos que la trabajan ha tocado siempre muy hondo en toda Hispanoamérica cuya economía tiene fundamentalmente una base agrícola. Florencio Sánchez había legado ya a las letras hispanoamericanas, su famosa *Barranca abajo* con ese su Don Zoilo que más parece una prolongación humana de la pampa, pero Ramos contempla el problema desde una posición más distante y ahí está uno de sus mayores logros, a nuestro entender, el haber logrado crear esa fuerza telúrica en el ambiente que se hace presente de una manera a la vez sutil e imperativa a pesar de que la acción se desarrolla en el estrecho círculo de una acomodada familia, dueña del ingenio que le da nombre a la obra y que para resolver dificultades económicas piensa venderlo. Cada uno de los miembros de este grupo familiar tiene un carácter y una función muy definidos y esto hace posible la bien urdida trama pues cada cual tiene su parte en ella al reaccionar a los factores externos, de acuerdo a las motivaciones que le indica su personalidad. Hay en esto, a nuestro parecer, una indudable influencia de O'Neill como también la hay de Benavente en la crítica a esa sociedad frívola que vive al margen del mundo exterior, más preocupada de conseguir logros materiales que espirituales y a la cual había reaccionado también Florencio Sánchez en su obra *En familia*. En cuanto a la complejidad de *Tembladera*, Montes Huidobro hace una atinada observación al distinguir que la misma se va proyectando hacia distintos planos cada vez más amplios: el de los conflictos individuales, el de los familiares y el de los nacionales.[26] Aceptando el planteamiento de tal estructura, pudiéramos añadir que el eje que sostiene los tres planos es el administrador del ingenio, Joaquín Artigas, pues tiene participación en todos y cada uno de ellos y ya en la caracterización de los personajes se le presenta como una figura de balance: «hombre de campo que lleva la ciudad en él». En esta pieza, Ramos demuestra tener gran destreza en el manejo de los elementos dramáticos. Hay mucha naturalidad en la exposición, con lo cual denota su filiación en la escuela ibseniana. Es decir, las complicaciones de la trama, las incidencias o los antecedentes que son necesarios conocer para comprender determinadas reacciones, son suministrados a través de los diálogos y además, el decorado y el vestido y actitudes de los personajes contibuyen a configurar sus caracteres. Así mismo se usa el símbolo para trasmitir ciertas ideas que el autor quiere comunicar, lo cual pasa ya a ser una característica del teatro de Ramos puesto que lo utilizó aun en sus obras más tempranas, y en lo que pudiéramos llamar su fase clasicista, es factor muy importante. Aquí, la inseguridad económica, ocasionada por las fluctuaciones de la zafra, queda caracterizada en el nombre del ingenio, «Tembladera», y el mensaje de fe en el futuro de la economía cubana lo da Isolina, al final, cuando propone cambiárselo por el de «Tierra firme» o «Esperanza». Como en muchas de sus obras, a menudo puede reconocerse la participación directa de Ramos que aprovecha para exponer sus conceptos de política socio-económica o sus anhelos de un porvenir mejor, a través de sus personajes, pero esto no es reprochable puesto que su teatro está decididamente afiliado a lo que se conoce por «teatro de ideas».

El cientificismo, que había propiciado los conceptos positivistas, tiene su proyección en su pieza dramática titulada *En las manos de*

Dios en la que enfrenta al Hombre a sus dos fuerzas esenciales; la razón y la fe. Es un tema de dimensiones universales. La simbología nominal de los personajes es evidente: el Dr. Prometeo es el médico que confronta la alternativa como padre, de matar a la mujer que posiblemente desvíe a su hijo de la brillante carrera que su inteligencia le promete y que se llama sugerentemente María del Pozo, para propiciar el matrimonio de éste con su ayudante que por antonimia se llama María de la Fuente. Con esta obra reincide Ramos en un tema que ya había dejado apuntado en *Cuando el amor muere...* y que ahora desarrolla completamente. El mismo resulta ser uno de los más interesantes del teatro contemporáneo: el de la observación de la realidad desde distintas perspectivas posibles para tratar de alcanzar en última instancia la Verdad, o al menos, *una* verdad, pues siempre queda abierta la posibilidad que exista otra, tan valedera como la alcanzada. Lo subjetivo, por lo tanto, toma eficacia en el manejo de los elementos dramáticos y en este caso Ramos lo ha impulsado por una fuerza razonadora que tiende hacia lo objetivo, lo cual hace el planteamiento extremadamente sugestivo. *En las manos de Dios* contiene además una serie de recursos técnicos a base de sonidos, voces y luces muy bien articulados,[27] con lo cual responde también a la tendencia expresionista del teatro moderno.

En *La leyenda de las estrellas* reincide en ese tema pirandeliano de la multiplicidad de facetas que puede contener la verdad. No presenta a los personajes, como acostumbra hacerlo, pormenorizando sus condiciones de carácter y cualidades morales, sino con la escueta simplificación de «el viejo marinero», «el joven polizón» y «la señorita» y «el señorito de primera». Con esto está indicada la universalidad del planteamiento. La técnica del mismo es muy moderna: hay dos planos de referencia, el de la leyenda de Calisto convertida en Osa Mayor por la celosa Juno, y la historia del joven polizón que huye a América, avergonzado de su origen espurio. Ambos se unen en el presente escénico con gran agilidad y dominio y en éste es que queda presentada la posibilidad de una verdad múltiple: la que se tiene por cierta; la que los demás aceptarán por parecer más lógica y la última, a la que alude el viejo cuando dice: «La verdad no la sabe nadie, muchacho. Ni lo quiere. ¿La sabes tú acaso?» (escena última). Algunos críticos estiman que esta pieza recuerda, en algunas situaciones, *El chimpancé* de Eugene O'Neill[28]. Evidentemente tiene algunas coincidencias en cuanto a que la acción se desarrolla en un trasatlántico, en que contiene muchos símbolos y en que se presenta en contraste a las clases sociales, aunque en un plano distinto. Quizás contribuya también que el joven polizón fue encontrado en la carbonera, tiznado, como lógicamente lo está el fogonero Yank en la obra de O'Neill. Pero si nos detenemos un tanto en la producción inicial del norteamericano, sí encontraremos que en ella hay muchas piezas de un acto que tenían que ver con marineros u hombres de maneras rudas, solitarios y atormentados por algún pesar profundo, o sea, que la influencia de O'Neill quizás no sea tan específica de *El chimpancé* como de su obra en general. Para otros, el mayor valor de la obra está en el movimiento interior del personaje, rico en calado psicológico[29]. En ella se pueden encontrar además, sorprendentes novedades. Así tenemos, por ejemplo, que apunta ya hacia lo maravilloso americano que en ese mismo año aparece en *Los pasos perdidos* de Carpentier, en estas palabras que le dice el viejo marinero al joven polizón para justificarle el desconcierto en que éste se encuentra: «Es el viento nuevo. Ya éste es viento de América. Ese cielo es cielo de América. No llega a ser noche cerrada nunca.» (escena 1). En definitiva, que esta pieza acredita a Ramos como un dramaturgo en pleno dominio de los recursos y las nuevas orientaciones de su arte.

De la misma época es *La recurva*, también de un acto, pero aquí lo simbólico recae directamente en la problemática cubana de un momento determinado y específico. Lo que nos interesa señalar de esta pieza es su técnica estructural en la que combina los elementos de la tragedia griega dentro de los moldes del teatro moderno, según entraremos a analizar en el estudio introductorio a la misma.

En esa afición por lo clásico, dentro de lo que pudiéramos llamar su teatro clasicista, es que se pueden encontrar las características propias de Ramos como dramaturgo. En primer lugar, analizando las características de su obra en general, es de notar su coincidencia con la tragedia clásica en cuanto a la sencillez en la exposición, aunque esto también pudiera ser resultado de la influencia de Benavente, especialmente en obras de su última etapa que también denotan falta de acción. Más significativo es el uso frecuente de un prólogo para suministrar antecedentes, generalmente sobre hechos pasados o circunstancias que determinan el momento en que la acción dramática toma lugar, pues, como en la tragedia clásica, casi siempre ésta comienza cuando está próximo el climax de la situación planteada. Lo dicho se confirma en las tres obras incluidas en esta antología, como fácilmente se puede comprobar.

Debido a este planteamiento clásico de enfrentarse a la crisis desde el comienzo de la pieza, es frecuente que recurra a la fuerza del símbolo para sugerir algunas ideas y además, el manejo de sus personajes es muy característico y ha sido uno de los aspectos de su dramaturgia que más interés ha suscitado. Así tenemos que, por ejemplo, Max Henríquez Ureña considera que los personajes están bien definidos pero que muy pocos llegan a destacarse por su carácter pues son más representaciones de ideas que de seres vivientes[30], en tanto que Salvador Bueno estima que «sabe crear sus personajes grávidos de vida, no meros títeres sin fuerza»[31] y Montes Huidobro, aunque admite que están muy bien trazados, los encuentra carentes de movilidad interior y por lo tanto rígidos[32]. Este último crítico llega inclusive a hacer una clasificación de los mismos y a distinguir tres grupos: «Los personajes en su más amplia proyección, con trayectoria más o menos lograda: los tipos característicos de una determinada esfera, bien captados en general, pero inmóviles en su evolución dramática; los personajes secundarios, a veces sin función fundamental que justifique su existencia»[33]. Lo que pasa, a mi juicio, es que Ramos ha tomado de la tragedia clásica esa caracterización representativa de los personajes y, como los héroes antiguos, los suyos conservan, a pesar de sus debilidades, un espítitu constante que se eleva por encima de la realidad y que le imprime a la obra una cierta atmósfera de idealidad. A Ramos no le interesaba lanzar al mundo entes de ficción con vida propia. Sus personajes no cumplen una función vital sino representativa; son portadores de un mensaje, de una idea, de un símbolo y sus vidas imaginadas cobran sentido sólo en el cumplimiento de esa misión. El análisis que hace Juan J. Remos respecto a la tragedia antigua, nos puede dar base de sustentación para nuestro criterio. Dice Remos: «Los personajes protagonistas de la tragedia clásica...revisten caracteres épicos, de imponente grandeza, con una fisonomía individual muy marcada, con lenguaje que acusa nervio y brío en el pensamiento y una naturalidad nobilísima en sus palabras, a pesar del tono elevado del estilo»[34].

Teniendo en mente esas características propias del protagonista clásico, se pudiera ir encontrando en la mayoría de los de Ramos, algunas de las mismas. En *Calibán Rex*, por ejemplo, se puede apreciar bien esto que dejamos dicho. Hay ahí, indudablemente, esos diálogos con más carga reflexiva que emotiva de que hablara Max Henríquez Ureña[35]; ese «exceso de deliberación y de dialéctica» que menciona Bueno[36]; esa discusión ideológica cruzada a veces por ráfagas de poética humanidad a que se refiere Lazo[37]; pero hay también, desde el principio hasta el final, la idealización de la postura cívica del Dr. Gómez Vizo que ha de continuar, según se infiere de la obra, en el joven Rogelio, que se casará con su hija y que tan identificado está con las luchas políticas de aquél. En *El traidor* es el Capitán, obsedido con la vergüenza de la apostasía de su hijo, quien encarna el fervor patriótico que trasciende la leyenda martiana. Con sentido clásico otra vez, perfila la figura de su personaje protagónico cincelando en su alma las honduras de su dolor como padre y como mambí. Los soldados mambises harán aquí las funciones del actor colectivo que era en definitiva el coro clásico, pues son los que observan, comentan y juzgan la actitud de su Capitán y además establecen el tono de tensión y muerte que es necesario como efecto dramático para el desenlace[38]. En *La recurva,* Ramos profundiza en sus afanes clasicistas y adapta los elementos formales de la tragedia griega a los requerimientos del drama contemporáneo, según lo he interpretado y he tratado de demostrar en el estudio introductorio de esta pieza. Baste señalar solamente estas tres, cuyos textos aparecen insertos y es fácil comprobar en ellos que Ramos ponía, a la manera clásica, más concentración en los atributos psicológicos y éticos de sus personajes, que en los físicos y los sociológicos, así como también otra característica del teatro griego que, especialmente en las dos últimas, se hace evidente, que es ese sino de fatalidad que marca los acontecimientos, que en aquél estaba determinado por las divinidades y en éste por las circunstancias, bien sean históricas, políticas o psicológicas.

La razón para este espíritu clasicista en José Antonio Ramos hay que buscarla en su interés en sentar las bases de un genuino teatro nacional, en el empeño —como decía él— «de hallarle a Cuba, a nuestra América, una expresión en el teatro»[39]. Con esto respondía a una tendencia del teatro en general que surgía como reacción al espítitu devastador de la Primera Guerra Mundial, que era la de acercamiento al teatro clásico, bien fuera en la forma, en la esencia o en la fuerza vital de sus personajes. El teatro francés, en particular, es el que hace más aportes dentro de esa modalidad. En algunas obras de Jean Cocteau, en las que hace recreaciones de la leyenda de Edipo[40], se muestra ya esa inclinación hacia lo clásico, aunque después cambia a un mundo más realista. Otros autores, como Giradoux y Anouilh, especialmente, también usaron las fuentes mitológicas y las reelaboraron con un espíritu moderno. La leyenda de Orfeo y su esposa Eurídice fue tema ampliamente utilizado, así como también el de Medea. León Mirlas justifica esta afición al tema mítico, estudiando precisamente a Anouilh. Dice Mirlas: «...el mito es el mejor argumento que se conoce para una obra teatral. Más aun: diríamos que es el argumento por excelencia. Agotadas las treinta y seis situaciones clásicas que, según los tratadistas, resumen todas las posiblidades del teatro, no queda más que apelar al mito. Los amores, las venganzas, las metamorfosis de los dioses y de los héroes de la mitología condensan todas las posibilidades humanas»[41] Efectivamente, ya mucho antes, Schiller y Goethe habían encontrado en las convenciones formales de la tragedia griega un medio para distanciar al espectador de los hechos de la escena y llevarlos a planos ideales y más recientemente, a mediados del presente siglo, nos encontramos todavía a Jean Paul Sartre usando el mito de Orestes que regresa para vengar la muerte de su padre Agamenón para perfilar su visión trágica del mundo en su famosa tragedia *Las moscas*. Es decir, que a través de la Historia, se ha repetido, en momentos de reconstrucción, esa actitud de volver a las fuentes clásicas en busca de nuevos patrones o lineamientos.

En América también se manifiesta ese espíritu clasicista. Quizás la razón más valedera fuera que en toda ella, tanto en la del Norte como en la del Sur, se estaba laborando por fortalecer el arte dramático como género nacional e independiente de paternalismos heredados que le daban cierto tono provinciano, lo cual equivale a decir que se estaba pasando por un período creacionista. En los Estados Unidos vemos a Eugene O'Neill trabajando en ese sentido: en *El gran dios oscuro* toma muchos elementos formales del teatro griego como el soliloquio e inclusive hace que sus personajes aparezcan escondidos tras máscaras que representan la personalidad con la que cada uno se muestra ante el mundo, además de otros indicios más abstractos de coincidencia con lo clásico que pudieran encontrarse; en *Electra, símbolo de duelo*, sustituye el sentido fatalista de la tragedia griega por un enfoque psicológico moderno. En Hispanoamérica hay varios ejemplos que muestran indicios de la corriente clasicista. Uno de los más evidentes es el que proporciona el gran dominicano Pedro Henríquez Ureña, que publica en 1916, en Nueva York, *El nacimiento de Dionisos* en la que mantiene no sólo el sentido épico de la tragedia antigua sino también los elementos de forma y de estructura que le eran propios. También Alfonso Reyes, en México, escribe en 1923 su única obra de teatro, titulada *Ifigenia cruel* en la que se reconoce, en su esquema, un paralelismo con la tragedia clásica. De la misma o similar manera, otros hispanoamericanos, dedicados hombres de teatro, apelaron a las formas del arte ático en distintas ocasiones. Así, tenemos el caso del peruano Juan Ríos que toma los personajes de su obra *Ayar Manko* del pasado indígena de su país y los mueve hacia un destino inevitable impulsados por el sino de la fatalidad, dentro de un ambiente de elevado tono épico, a la manera de la tragedia griega; en Ecuador, Francisco Tobar García usa en *Los dioses y el caballo*, una numerosa masa coral para comentar el conflicto de la obra; en Paraguay, Otto Miguel Coine se muestra dentro de esta tendencia en *Presente griego*, de 1907 y todavía en 1948, en Chile, Fernando Cuadra Pinto reelabora la historia de Medea. En Cuba, esa modalidad clasicista subsiste a través de varios dramaturgos que dejan constancia de ella en algunas de sus obras. Tenemos el caso de Virgilio Piñera en *Electra Garrigó* (1948) que usa el mito clásico en relación con el problema cubano del momento; Eduardo Manet en *Presagio* (1950) utiliza la música y los símbolos y sugiere así de cierto modo, el drama griego; José Triana en *Medea en el espejo* (1960), usa elementos formales y mitológicos y los lleva a un ambiente popular criollo; y más recientemente Jorge Valls escribe, en la prisión política de Boniato, una pieza de un solo acto titulada *Los perros jíbaros* de alto sentido poético y simbólico que se sirve de ciertos elementos de la tragedia griega para producir el impacto emocional que busca. Todo lo cual debe tomarse como indicio de que la corriente clasicista encontró correspondiente resonancia en el Nuevo Mundo. En España, fue Lorca quizás el que logró un mayor acercamiento a las fuentes más puras de la tragedia antigua, no sólo por los elementos plásticos de que hace uso y los coros, tan comunes en sus obras, sino por la fuerza vital que le da a sus personajes, que se mueven como predestinados hacia un nefasto fin. Según León Mirlas el mayor valor de Lorca es «el haber hecho entroncar esa tradición helénica, ese legado de raigambre mítica, con el legado viril, donoso y punzante de Lope, profundamente español, y haberlos reelaborado en el crisol de un lirismo sin frenos ni eufemismos, libre y agresivamente audaz»[42].

José Antonio Ramos, que era un erudito en esta materia de teatro, no pudo ser indiferente a ese mundo vanguardista que se lanzaba a ensayar distintas modalidades, y evidentemente no lo fue. Su obra puede testificar cabalmente su actitud receptora de las inquietudes del momento, pero es necesario estudiarla más detenidamente. Dentro de ella encuentro una decidida filiación por lo clásico quizás con el afán de sentar para el teatro cubano, normas de independencia de moldes prefijados que le venían de herencia, y en general se le reconoce una amplia disposición a ensayar las innovaciones del momento, lo cual bien justifica la afirmación de Dauster de que «es, sin duda, alguna, uno de los más importantes dramaturgos cubanos del siglo»[43]. Su mayor aporte a la dramaturgia cubana está precisamente en esa amplitud de visión como estímulo a la actividad creativa dentro de un marco de concentración en los problemas sociológicos y políticos cubanos, pero sin sumergirse en un localismo obtuso que lo haga irrelevante como contribución a la dramaturgia hispanoamericana en particular y universal en términos más generales.

Es hora ya de que se le dé a Ramos el reconocimiento que merece entre los dramaturgos hispanoamericanos más preocupados de crear, en la forma original de nuestra América y con pura visión hispanoamericana, un teatro que, siendo auténticamente nuestro, es parte también del mundo occidental al cual pertenecemos.

NOTAS

1. Sobre esta materia se deben consultar *Teatro indoamericano colonial* de José Cid Pérez y Dolores Martí de Cid, Aguilar, Madrid, 1973 y *El teatro barroco hispanoamericano,* 3 vols. de Carlos Miguel Suárez Radillo, Madrid, José Porrúa Turanzas, S.A., 1981.

2. Existe una abundante bibliografía sobre este tema, de la que es imprescindible señalar la conocida conferencia de Pedro Henríquez Ureña, «Don Juan Ruiz de Alarcón», pronunciada en la Librería General de México, la noche del 6 de diciembre de 1913 y recogida en su libro *Ensayos en busca de nuestra expresión*. Una revisión de las diversas opiniones críticas sobre este asunto ha sido efectuado por Antonio Alatorre en «Breve historia de un problema: La mexicanidad de Ruiz de Alarcón», en *Antología,* México, Universidad de México, 1956, 27-45; y «Para la historia de un problema: La mexicanidad de Ruiz de Alarcón», *Auario de letras,* México, Universidad Nacional, Facultad de Filosofía y Letras, 1964, IV, 161-202. Más recientemente, José Cid Pérez y Dolores Martí de Cid han ahondado en los aspectos culturales y lingüísticos de esta cuestion en «La mexicanidad de Juan Ruiz de Alarcón» en *Romance Literary Studies,* en homenaje al Dr. Harvey L. Johnson, editores Marie E. Wellington y Martha O'Nan, Potomac, Maryland, José Porrúa Turanzas, S.A., 1979, 63-73.

3. José Antonio Ramos. Nota preliminar en *Panorama de la literatura norteamericana* (1600-1935), México, Ediciones Botas, 1935, 10.

4. Zola señaló este planteamiento naturalista en el prefacio de la adaptación al teatro de su novela *Teresa Raquín* en 1873 y ocho años más tarde en su obra *Naturalismo en el teatro.*

5. De consulta imprescindible sobre el gran autor uruguayo es el libro de Walter Rela *Florencio Sánchez. Persona y teatro,* Montevideo, Editorial Ciencias. También, del mismo autor, *Teatro uruguayo 1807-1979,* Montevideo, Alianza Cultural, 1980.

6. Carlos Solórzano. *Teatro latinoamericano en el siglo XX,* México, Editorial Pormaca, S.A., 1964, 13-14.

7. José Juan Arrom. *Historia de la literatura dramática cubana,* New Haven, Yale University Press, 1944, 70.

8. José Antonio Ramos. *Panorama,* nota 22, 179.

9. Carlos Solórzano. *El teatro hispanoamericano contemporáneo,* Tomo I, México, Fondo de Cultura Económica, 1964, 8-9.

10. Frank N. Dauster, *Historia del teatro hispanoamericano, Siglos XIX y XX,* México, Ediciones de Andrea, 1966, 67.

11. Juan J. Remos y Rubio. *Historia de la literatura cubana,* Miami, Mnemosyne

Publishing Company Inc., 1969, vol. III, 327.
12. Francisco Ichaso. Prólogo a *La luna en el pantano* de Luis A. Baralt, La Habana, Ucar, García y Cía., 1936, 32.
13. *Ibid.*, 33.
14. *Ibid.*, 39.
15. Max Henríquez Ureña. «Evocación de José Antonio Ramos», *Revista Iberoamericana*, XII, No. 24, junio de 1947, 256.
16. José Antonio Ramos. Prólogo. *Satanás*, Madrid, Imprenta Helénica, 1913, 6.
17. *Ibid.*, 9.
18. Andrés Franco. *El teatro de Unamuno*. Madrid, insula, 1971, 83.
19. José Antonio Ramos. *Satanás*, 12.
20. *Ibid.*
21. Matías Montes Huidobro. «Técnica dramática de José Antonio Ramos». *Journal of Inter-American Studies and World Affairs*, abril de 1970, vol. XII, No. 2, 237.
22. Eugenio María de Hostos. «La educación científica de la mujer». *Revista Sudamericana*, Chile, 1873. Igual preocupación sobre los derechos de la mujer exhibió otro gran ensayista de América, Enrique José Varona. Véase, por ejemplo, su discurso de ingreso en la Academia Nacional de Artes y Letras de Cuba, leído el 11 de enero de 1915.
23. Dolores Martí de Cid y José Cid Pérez. *Teatro contemporáneo. Teatro cubano*, Madrid, Aguilar, 2a ed., 1962, 307.
24. Jacinto Benavente. Carta-prólogo en José Antonio Ramos, *Liberta*, Madrid, Casa Vidal, 1911.
25. *Ibid.*
26. Matías Montes Huidobro. «Técnica dramática de José Antonio Ramos», 232.
27. Estos recursos técnicos son analizados muy cuidadosamente por Matías Montes Huidobro en «Técnica», 234-236.
28. José Juan Arrom. «El teatro de José Antonio Ramos». *Revista Iberoamericana*, XII, No. 24, junio de 1947, 270.
29. Matías Montes Huidobro. «Técnica», 233.
30. Max Henríquez Ureña. *Panorama histórico de la literatura cubana*, 1492-1952, Puerto Rico, Ediciones Mirador, 1963, tomo II, 349.
31. Salvador Bueno. *Historia de la literatura cubana*, La Habana, Editorial Nacional de Cuba, 3a ed., 1963, 438.
32. Matías Montes Huidobro. «Técnica», 233 y 237.
33. *Ibid.*, 237.
34. Juan J. Remos. *Micrófono*, La Habana, Molina y Compañía, 1937, 46.
35. Max Henríquez Ureña. *Panorama,* 349.
36. Salvador Bueno. *Historia de la literatura cubana,* 438.
37. Raimundo Lazo. *La literatura cubana*, México, Universidad Nacional Autónoma de México, 1965, 210.
38. Como severa opinión crítica sobre el supuesto mal uso de los personajes secun-

darios, véase Matías Montes Huidobro, «Técnica», 239.
39. José Antonio Ramos. «Del teatro cubano de selección». *El Mundo*, junio 24 de 1938, segunda sección, año XXXIII, 13.
40. Nos referimos a *Antígona* de 1922; *Orfeo*, de 1926 y *La máquina infernal,* de 1934.
41. León Mirlas. *Panorama del teatro moderno*, Buenos Aires, Editorial Suramericana, 1956, 117.
42. *Ibid.,* 186.
43. Frank N. Dauster. *Historia del teatro hispanoamericano. Siglos XIX y XX,* 65.

BIBLIOGRAFIA ACTIVA

José Antonio Ramos y Aguirre. «A los estudiantes de Cuba». *Cuba contemporánea*, XV, junio-agosto de 1927, 162-172.

──────────. «Alfonso Hernández Catá». *Universidad de la Habana*, La Habana, enero-junio de 1947, No. 70-72, 81-89.

──────────. *Almas rebeldes*, Barcelona, Librería de Antonio López, 1906 (Teatro antiguo y moderno, vol. 39).

──────────. «El alud: a los intelectuales, a los artistas». (Sobre el fomento del teatro cubano). *La Prensa*, Habana, junio 18 de 1910.

──────────. «Biblioteca mínima cubana». *Cervantes*, revista bibliográfica mensual ilustrada, Habana junio de 1932, año VII, no. 6, 11-12.

──────────. *Calibán Rex* (drama). *Cuba contemporánea*, La Habana, Tomo V, mayo-agosto de 1914, 341-394.

──────────. *Caniquí:* Trinidad, 1830, Habana, Cultural, S.A., 1936.

──────────. *Cartillas del aprendiz de bibliotecario*, Habana, Oficina Nacional de Cooperación e Información de Bibliotecas, 1941-42, 3 vols.

──────────. *Coaybay*, Habana, Imprenta El Siglo XX, 1926.

──────────. «Cubanidad y mestizaje» *Estudios afrocubanos*, La Habana, vol. I, 1937, 92-113.

──────────. «Del teatro cubano de selección». *El Mundo*, La Habana, junio 22-24 de 1938, año XXXIII.

──────────. «De sabios es cambiar de opinión», *Social*, La Habana, vol. IV, no. 2, febrero de 1919, 21.

──────────. «Desde la Puerta del Sol. Hablando de Cuba». *Letras*, Habana, enero 28 de 1912, 38-39.

──────────. *El hombre fuerte*, Madrid, Imprenta Artística, 1915.

──────────. *El traidor, La leyenda de las estrellas, La recurva.* La Habana, La verónica, 1941.

──────────. *En las manos de Dios*, México, Ediciones Botas, 1933.

_____. *Entreactos,* Habana (Madrid), Ricardo Veloso, editor (Imprenta Helénica), 1913.

_____. «Francisco Javier Balmaseda» en José Manuel Carbonell y Rivero, *Las bellas artes en Cuba,* La Habana, Imprenta El Siglo XX, 1928, tomo XII, 109-129.

_____. *FU-3001,* La Habana, Editorial Lex, 1944.

_____. *Humberto Fabra,* París, Casa Editorial Garnier, 1908, 2 vols.

_____. «José R. Berenguer. Utopías y realidades». *Revista cubana,* año XII, abril-junio de 1938, 199-203.

_____. *La Hidra,* Habana, Imprenta de la Compañía Cinematográfica Cubana, 1908.

_____. «La primera comunión cívica». *Cuba contemporánea,* II, junio de 1916, 103-30.

_____. «La senaduría corporativa. *Cuba contemporánea,* Habana, V, mayo-agosto de 1914, 78.

_____. *La voz nueva de América.* Discurso de ingreso a la Academia Nacional de Artes y Letras, Habana, Imprenta de Molina y Cía., 1937.

_____. *Las impurezas de la realidad,* Barcelona, Tipografía Cosmos, 1929.

_____. *Liberta — Cuando el amor muere,* Madrid, Casa Vidal, 1911.

_____. «Los Estados Unidos y el patriotismo». *Cuba contemporánea,* XXXIV, abril de 1924, 304-313.

_____. *Manual de biblioeconomía,* La Habana, P. Fernández y Cía., 1943.

_____. *Manual del perfecto fulanista; apuntes para el estudio de nuestra dinámica político-social,* Habana, J. Montero, 1916.

_____. «Marcel Proust, el novelista de la intuición», *Social,* La Habana, septiembre de 1928, vol. XIII, no. 9, 27, 67, 81.

_____. *Nanda,* La Habana, Imprenta de la Compañía Cinematográfica Cubana, 1908.

_____. «Ni pan ni circo. Electra». *La Noche,* Habana, abril 4 de 1922.

_____. «Ni pan ni circo. Nuestros hijos». *La Noche,* Habana, mayo 21 de 1922.

_____. «Ni pan ni circo. La noche del sábado». *La Noche,* Habana, febrero 17 de 1922.

_____. «Ni pan ni circo. Pro teatro cubano». *La Noche,* Habana, marzo 11 de 1922.

_____. «Nuestra Biblioteca Nacional». *El Siglo,* Habana,

mayo 17 de 1944, 4.

_____. *Panorama de la literatura norteamericana* (1600-1935), México, Ediciones Botas, 1935.

_____. «Por la patria y por la justicia». *Cuba contemporánea*, XII, octubre de 1916, 192-200.

_____. «Ramón Vasconcelos. Montparnasse». *Revista cubana*, XI, febrero-marzo de 1938, 239-42.

_____. «Raúl Maestri. Notas de la U.R.S.S.» *Revista cubana*, XII, marzo de 1936, 343-47.

_____. «Revista de teatros. Ibsen en el Japón». *La Prensa*, Habana, marzo 9 de 1910.

_____. *Satanás,* Drama en un prólogo y dos actos. Madrid, Imprenta Helénica, 1913.

_____. «Sentido económico de la emancipación de la mujer». *Cuba contemporánea, XXVIII, enero de 1922, 5-33.*

_____. «*Sobre el teatro cubano*». *La Discusión*, Habana, abril 11 y 16 de 1916.

_____. «El teatro cubano. Después de la catástrofe». *La Prensa,* Habana, junio 4 de 1910.

_____. «El teatro de Tolstoi». *La Prensa*, Habana, diciembre 1-2 de 1910.

_____. «El teatro literario en Norteamérica», *Anales de la Academia Nacional de Artes y Letras,* Habana, abril-junio de 1937, año XXII, tomo XIX, no. 4, 5-32.

_____. *Tembladera,* Habana, Imprenta El Siglo XX, 1918. También en Dolores Martí de Cid y José Cid Pérez, *Teatro cubano contemporáneo*, Madrid, Aguilar, 1962, 303-386.

_____. *Una bala perdida*, Barcelona, Librería de Antonio López, 1907.

_____. «When love dies» a wordly comedy... translated from the Spanish by Isaac Goldberg, En F. Shay, *Twenty-Five Short Plays,* International, New York, Appleton & Co., 1925. 123-146.

BIBLIOGRAFIA PASIVA

Acevedo Escobedo, Antonio. Reseña de *Panorama de la literatura norteamericana, Revista de Revistas,* México, año XXV, no. 1310, junio 23 de 1935.

Aguirre, Mirta. «Duelo en la cultura cubana», *Noticias de Hoy,* Habana, septiembre 1o de 1946, 10.

———. «Habla José Antonio Ramos», *Noticias de Hoy,* Habana, diciembre 5 de 1945.

———. Reseña de *FU-3001, Noticias de Hoy,* Habana, octubre 10 de 1944.

Alvarez Morales, Manuel. «Inadaptación, rebeldía y pasión de José Antonio Ramos», *Universidad de la Habana,* nos. 70-72, enero-junio de 1947, 218-220.

Arrom, José Juan. «El teatro de José Antonio Ramos», *Revista Iberoamericana,* México, D.F., vol. XII, no. 24, junio 30 de 1947, 263-271. También en *Revista Cubana,* Habana, vol. XXIII, enero-diciembre de 1948, 164-75. También en su *Estudios de literatura hispanoamericana,* Habana, 1950, 147-159. Reproducido en *Revista Prometeo,* año IV, no. 26, La Habana, 1951.

———. *Historia de la literatura dramática cubana,* New Haven, Yale University Press, 1944, 76-80.

Arroyo, Anita. «José A. Ramos, 'héroe real de la gran tragedia», *Universidad de la Habana,* Habana, nos. 70-72, enero-junio de 1947, 212-215.

Augier, Angel I. «José Antonio Ramos, el escritor combatiente». *Noticias de Hoy,* Habana, IX, no. 212, septiembre 5 de 1946, 2.

Barros y Gómez, Bernardo G. «Reseña de *Humberto Fabra*», *El Fígaro,* Habana, XXV, no. 39, septiembre 26 de 1909, 481.

———. «Ramos, su personalidad y su teatro». *El Fígaro,* La Habana, XXIX, nos. 30, julio 27 de 1913, 363.

———. «El teatro de Ramos» en *Cuba Contemporánea,* XXII, no. 86, La Habana, febrero de 1920, 201-209.

Benavente, Jacinto. Prólogo a José Antonio Ramos. *Liberta,* Madrid, Casa Vidal, 1911, 7-11.

Betancourt, Gaspar. «Reseña de *Caniquí*», *Diario de la Marina,* Habana, septiembre 1o de 1936.

—————. «A la memoria de José Antonio Ramos», *Información,* Habana, X, no. 209, septiembre 4 de 1946, 11.

Blanco-Fombona, Rufino. «Réplica a José Antonio Ramos», *El Imparcial,* Madrid, septiembre 4 de 1911.

Boti, Regino E. «José Antonio Ramos», *El Correo de la Noche,* Guatánamo, no. 23, julio 28 de 1930, 2.

Bueno, Salvador. «José Antonio Ramos, frustración y rebeldía». *Universidad de la Habana,* no. 70-72, enero-junio de 1947, 220-222.

Carbonell, José Manuel. *Evolución de la cultura cubana* (1608-1927), Habana, 1928, vol. XII, 107-109 y vol. XIII, 211-212.

Carrasquilla Mallarino, Eduardo. «Reseña de *Liberta*», *Letras,* Habana, 2a época, VII, agosto de 1911.

Casado, Ricardo. «Reseña de *Manual del perfecto fulanista*», *El Comercio,* Habana, agosto 16 de 1916.

Castellanos, Gerardo. *Panorama histórico,* Habana, 1934, 919-920.

Catalá, Ramón A. «*El hombre fuerte*», *El Fígaro,* Habana, año XXXI, no. 25, junio 2O de 1915, 326.

Clarke, Dorothy C. «*Caniquí*», *Books Abroad,* Oklahoma, 1937, no. 1, 98.

Chacón y Calvo, José María. «José Antonio Ramos y su teatro», *Revista Cubana,* XV, enero-junio de 1941, 231-34.

Dauster, Frank N. *Historia del teatro hispanoamericano.* Siglos XIX y XX. México, Ediciones de Andrea, 1966.

Duplessis, Gustavo. «José Antonio Ramos», *Universidad de la Habana,* nos. 70-72, enero-junio de 1947, 223-225.

Englekirk, John E. «*Caniquí*», *Revista hipánica moderna,* vol. III, abril de 1937, no. 3.

Flores, Angel. *Bibliografía de escritores hispanoamericanos,* A Bibliography of Spanish American Writers, 1609-1974, New York, Garden Press, 1975, 277-78.

García Bárcena, Rafael. «Como ven las nuevas generaciones a José Antonio Ramos. Una perspectiva a distancia». *Universidad de la Habana,* Habana, nos. 70-72, enero-junio de 1947, 204-205.

Gay, Calbó, Enrique. «José Antonio Ramos, cónsul», *Universidad de la Habana,* nos. 70-72, enero-junio de 1947, 90-99.

Goldberg, Isaac. «Theatrical News of the world: José Ramos, a

Cuban dramatist», *The Christian Science Monitor*, Boston, july 20, 1920.

González, Manuel Pedro. «Carta a Joaquín García Mongue (sobre José Antonio Ramos), *Repertorio Americano*, San José, Costa Rica, noviembre 9 de 1946, 321.

_____. «Panorama de la literatura norteamericana, por José Antonio Ramos», *Revista Bimestre Cubana*, La Habana, vol. XXXIX, no. 1, enero-febrero de 1937, 152-156.

_____. Prólogo en José Antonio Ramos, *Las impurezas de la realidad*, Barcelona, Tipografía Cosmos, 1929, 5-10.

_____. «Razón de este homenaje», *Revista Iberoamericana*, México, D.F., vol. XII, no. 24, junio 30 de 1947, 211-214.

González Freire, Natividad. *Teatro cubano contemporáneo*, La Habana, 1958, 113-115.

Gutiérrez y Sánchez, Gustavo. «José Antonio Ramos», *Revista Habana*, vol. IV, no. 10, octubre de 1930, 1-11.

Henríquez Ureña, Max. «Evocación de José A. Ramos», *Universidad de la Habana*, nos. 70-72, enero-junio de 1947, 252-261. También en *Revista Iberoamericana*, XII, no. 24, junio de 1947, 251-261.

_____. «José Antonio Ramos *Entreactos*», *Cuba Contemporánea*, Habana, I, no. 4, abril de 1913, 308-311.

_____. «*Liberta* por José Antonio Ramos», *El Fígaro*, Habana, año XXVII, no. 48, noviembre 26 de 1911, 710.

_____. «Reseña de *Humberto Fabra*», *La Lucha*, Habana, agosto 23 de 1909.

_____. «Reseña de *Satanás*», *Cuba Contemporánea*, Habana, II, no. 4, agosto de 1913, 323-24.

Hernández Catá, Alfonso. «Censor espiritual: José Antonio Ramos», *Diario de la Marina*, Habana, marzo 18 de 1928.

Iraizoz y de Villar, Antonio. «José Antonio Ramos», *Anales de la Academia Nacional de Artes y Letras*, Habana, tomo XIX, no. 4, abril-junio de 1937, 193-226.

_____. «Reseña de *Entreactos*», *La Lucha*, Habana, marzo 23 de 1913, 6.

Ledo, Nemesio. «José Antonio Ramos y su época», *Universidad de la Habana*, nos. 70-72, enero-junio de 1947, 70-72.

Lizaso, Félix. «José Antonio Ramos; el inútil vidente, una cubanidad a punto de frustrarse», *Ensayistas contemporáneos*, 1900-1920, La Habana, Editorial Trópico, 1938, 42-48 y 247-48.

_____. «José Antonio Ramos», *Revista Cubana*, XXI, enero-diciembre de 1946, 141-45.

Mañach, Jorge, «Duelo de José Antonio Ramos», *Revista Cubana*, Habana, XXI, enero-diciembre de 1946, 131-141. También en *Repertorio Americano*, San José, Costa Rica, noviembre 9 de 1946, tomo XXIII, no. 21, 321-24 y en *Bohemia*, La Habana, XXXVIII, no. 36, septiembre 8 de 1946, 321-324.

Marquina, Rafael. «José Antonio Ramos», *Información*, Habana, X, no. 213, septiembre 8 de 1946, 18.

──────────. «Reseña de *Caniquí*», *Lyceum*, III, no. 9-10, marzo-junio de 1938.

Mesa Rodríquez, Manuel I. «*Caniquí*», notas al márgen de un libro», *Cervantes*, La Habana, abril-mayo de 1936, 13-14.

Montes Huidobro, Matías. *Persona, vida y máscara en el teatro cubano*, Miami, Ediciones Universal, 1973.

──────────. «Técnica dramática de José Antonio Ramos»; *Journal of Inter-American Studies and World Affairs*, vol. XII, no. 2, abril de 1970, 229-241.

Novás Calvo, Lino. «José Antonio Ramos frente a la literatura de Norteamérica», *Universidad de la Habana*, Habana, no. 70-72, enero-junio de 1947, 107-115.

Ocampo, María Luisa. «Recuerdos de José Antonio Ramos», *Revista Iberoamericana*, México, D.F. junio 30 de 1947, vol. XII, no. 24, 301-308.

Olguín, Manuel. «La filosofía de José Antonio Ramos y su afinidad con la del pueblo y pensadores de los Estados Unidos», *Revista Iberoamericana*, México, D.F., junio 30 de 1947, vol. XII, no. 24, 291-299.

Ortúzar-Young, Ada. *Tres representaciones literarias de la vida política cubana* (Carlos Loveira, José Antonio Ramos y Luis Felipe Rodríguez), New York, Senda Nueva de Ediciones, 1979.

Peraza Sarausa, Fermín. *Bibliografía de José Antonio Ramos*, 2a edición, La Habana, Anuario Bibliografico Cubano, 1956.

Piñera, Humberto. «José Antonio Ramos», *Universdad de la Habana*, Habana, nos. 70-72, enero-junio de 1947, 215-218.

Portuondo, José Antonio. «El contenido político y social de las obras de José Antonio Ramos», *Revista Iberoamericana*, México, D.F., junio 30 de 1947, vol. XII, no. 24, 215-250. También ampliado en *Revista de la Biblioteca Nacional José Martí*, LX, no. 1, enero-abril de 1969, 5-58.

──────────. «José Antonio Ramos», *Universidad de la Habana* La Habana, nos. 70-72, enero-junio de 1947, 205-206.

──────────. «José Antonio Ramos y la primera generación republicana de escritores cubanos», *Revista Bimestre Cubana*,

LXII, julio-diciembre de 1948. 56-68.

Ramírez, Arturo. «Sobre el teatro en Cuba: José Antonio Ramos, autor», *Carteles,* La Habana, abril 10 de 1938.

Reid, John T. «José Antonio Ramos y la literatura norteamericana», *Revista Iberoamericana,* México, D.F., XII no. 24, junio de 1947, 273-277.

Remos, Juan J. «En torno a José Antonio y su labor como novelista». *Revista Cubana,* XXI, enero-diciembre de 1946, 119-31. También en *Revista Iberoamericana,* junio 30 de 1947, vol. XII, no. 24, 279-289.

_____. *Historia de la literatura cubana,* La Habana, H. Cárdenas y Cía., 3 vols., 1943, vol. III, 282-86 y 327-30.

Rodríguez, Luis Felipe. «José Antonio Ramos», *Tiempo en Cuba,* Habana, II, no. 34, septiembre 29 de 1946, 15.

Sánchez-Grey Alba, Esther. «Clasicismo e historicidad de *La recurva* de José Antonio Ramos», *Círculo: Revista de cultura,* Verona, N.J., vol. IX, año 1980, 63-69.

_____. «Presencia de Ibsen en *Calibán Rex* de José Antonio Ramos» en Alberto Gutiérrez de la Solana y Elio Alba-Buffill, *Festchrift José Cid Pérez,* New York, Senda Nueva de Ediciones, 1981, 95-101.

Sánchez Iruela, Horacio. «Reseña de *Coaybay*», *Diario de la Marina,* La Habana, julio 31 de 1926.

Serpa, Enrique. «José Antonio Ramos», *Cuba y la U.R.S.S.,* Habana, II, no. 15, octubre de 1946, 25.

Torriente, Loló de la. «Reseña de *Caniquí*», *Novedades* México, febrero 5 de 1942.

Troncoso, Arturo. «*Caniquí,* novela de José Antonio Ramos», *Atenea,* Universidad de la Concepción, Chile, año XIII, tomo XXXVI, no. 137, noviembre de 1936, 218-221.

_____. «Panorama de la literatura norteamericana por José Antonio Ramos», *Atenea,* Universidad de la Concepción, Chile, julio de 1935. También en *Revista Cubana,* Habana, vol. III, no. 7, julio de 1935, 133-137.

_____. «Una novela cubana», *Atenea,* Universidad de la Concepción, Chile, año IX, tomo XXII, nos. 93-94, noviembre-diciembre de 1932, 374-76.

Valdés Rodríquez, José M. «José Antonio Ramos y el teatro en Cuba», *Universidad de la Habana* XII, nos. 70-72, enero-junio de 1947, 194-203.

_____. «Tablas y pantalla: José Antonio Ramos», *El Mundo,* Habana, XLV, no. 14. 373, agosto 29 de 1946, 15.

Valle y Acosta, Adrián del. «Reseña de *Almas rebeldes* y *Una bala perdida*», *Cuba y América*, Habana, XXIII, no. 20, mayo 25 de 1907, 350.

Vasconcelos, Ramón. «José Antonio Ramos nunca fue humillado», *Bohemia*, Habana, XXXVIII, no. 40, octubre 6 de 1946, 53.

Velazco, Carlos de. «José Antonio Ramos», *Cuba Contemporánea*, Habana, año II, tomo IV, no. 2, febrero de 1914, 154-155.

CALIBAN REX

ESTUDIO PRELIMINAR

Calibán Rex es un buen ejemplo de ese teatro de tesis que caracterizó la producción dramática de José Antonio Ramos. La fuerza doctrinal le resta quizás un poco de fluidez a la acción pero no tanto como para que decaiga en ningún momento el interés del problema planteado. Hay mucho del autor en esta pieza, no por coincidencias biográficas sino en la concepción ideológica del personaje central que, en cierta manera, representa un arquetipo, como entraremos a considerar más adelante. Hay también, desde luego, mucho de Cuba; de sus problemas políticos, de sus luchas partidistas. En esta obra se muestra al descubierto las inquietudes de Ramos como hijo de un pueblo joven que iniciaba con pasos inseguros la vida republicana. Muchos obstáculos interferían ese proceso: por un lado, los vicios heredados de la colonia y por otro los que surgían a la vera del proceso transformativo, como era el caciquismo o caudillismo —según fuera la amplitud política localista o nacional—, las elecciones fraudulentas, la endeble base ideológica de los partidos, etc.

Entre los que Ramos llama «ensayos de adolescencia» hay una pieza que es antecedente de ésta titulada *Una bala perdida* (1906) en la cual es evidente la influencia de *Un enemigo del pueblo* de Henrik Ibsen. De ésta toma ciertos elementos argumentales como el de que en ambas sea un médico el idealista que se enfrenta a los mezquinos intereses de la sociedad, pasando a veces sobre sus deberes familiares, y en que cuentan a esos fines con el apoyo y la comprensión de sus hijas. En *Calibán* se mantienen los mismos personajes de *Una bala perdida* y el argumento es casi, idéntico, pero hay algunas diferencias sustanciales. 'La primera, en cuanto a la localización de la acción, parecería irrelevante: en *Una bala perdida* se sitúa en un impreciso pueblo del interior llamado Villavil y la capital, Mezquimburgo —nombres que contienen una obvia intención satírica— pero en *Calibán*, aunque mantiene a Villavil por sus implicaciones semánticas, torna la acción a la Habana, trayendo así la denuncia política a una realidad nacional. La segunda diferencia es más trascendente y va ligada al contenido: en la primera obra las hijas del Dr. Gómez Viso lo ayudan movidas sólo por un gran sentimiento de amor filial, mientras que en el drama posterior están también plenamente identificadas con los ideales de su padre. Además, la escena final de la muerte del doctor, en *Calibán*, trae un mensaje positivo de supervivencia ideológica del cual carece por completo la obra anterior.

Estos cambios estructurales en la reelaboración de *Una bala perdida*, que era de marcada orientación realista siguiendo los cánones ibsenianos, tiene el propósito de encauzar la nueva versión hacia la tendencia clasicista a la que, como ya hemos analizado en el estudio introductorio, se encamina la mayoría de la producción dramática de Ramos, aunque sin apartarla de ciertos términos realistas. En efecto, *Calibán* gana en dimensión expresiva a pesar de que la acción y el conflicto siguen siendo básicamente cubanos, pero los personajes han dejado de ser meros reflejos de una realidad local para cumplir además una función más elevada.

El contenido simbólico del título, que ya analizamos, puede servir de indicación a lo clásico puesto que recuerda el de la tragedia griega considerada por muchos como la más perfecta: *Edipo-Rey* de Sófocles. Además, a través del análisis del texto se pueden ir encontrando ciertas características que identifican la obra dentro de la modalidad clásica.

En primer lugar nos encontramos con que la intriga política que va a crear el conflicto es anterior al instante en que comienza la acción, es decir, que ésta responde al momento climático de la situación, lo cual es uno de los elementos formales de la tragedia ática. En definitiva, a Ramos no le interesaba el retrato de la sociedad sino la denuncia de ciertos vicios y por eso plantea esta situación que es propicia para la exposición de los mismos dentro de un ambiente local. El Dr. Gómez Viso, representante a la Cámara, atraviesa una seria crisis política de definiciones doctrinales que lo señalan para ser el dirigente de un nuevo partido político. A él lo anima un sincero patriotismo pero los componentes de la Asamblea Provincial que se prestan a darle su respaldo lo hacen sólo con miras personales y cuando el Dr. Gómez Viso no se aviene a consentir sus maniobras interesadas, tornan contra él la misma multitud que se había congregado para secundarlo y muere a resultas de un disparo que le hace una mano oculta entre la muchedumbre mientras le aclaraba su posición ideológica a su pueblo y ponía al descubierto las turbias maquinaciones de los políticos.

Esa crisis política que coloca al personaje como eje de definiciones dentro de su partido, no es relevante a los efectos de la obra en sí, es decir, que pudiera ser la planteada aquí o cualquiera otra que produjera las mismas circunstancias, por eso los detalles sobre la misma se conocen sólo a través de referencias suministradas en los diálogos, por lo cual a éstos a veces se les ha atribuido demasiada densidad.

Otro indicio de coincidencia con lo clásico es que Ramos hace énfasis en presentar una actitud que no es la individual de su personaje de ficción, sino una línea de conducta a seguir, un deber ser, y esto que, como ya hemos visto, es una de las características de su teatro, es en el caso de *Calibán* lo que le da más afinidad con lo clásico, pues aquí la idealidad de la conducta cívica del líder trasciende sobre las incidencias del argumento y justifica la conducta de los demás personajes. Efectivamente, el Dr. Gómez Viso representa un hombre sincero, un patriota, que usa la política como un medio de servir los intereses de su patria. En tono íntimo de confesión a su familia así se lo expresa cuando dice: «Conservo por mi patria ese entusiasmo romántico de la juventud que aspira siempre a una dictadura ideal y se propone in mente todas las nobles empresas y todos los empeños generosos en servicio de la Patria» (Acto I, esc. v) y luego, cuando añade: «Estudio, escucho, trabajo en la dirección espiritual de mi patria, obedeciendo a un categórico mandato de mi naturaleza: ¡soy sincero!» (Acto I, esc. v) tal parece que es el propio Ramos el que está hablando por sí. La misma actitud de ofrenda mostró en el prólogo de *Satanás* con estas palabras cargadas de emoción: «Soy cubano, y todas mis aspiraciones, aun las inconfesables a fuer de fantásticas, van a mi Patria. Que de allí saldrán algún día si tienen por qué salir»[2].

Pero volviendo a la configuración del personaje central como representación de una figura ideal de hombre honesto y desinteresado que siente como obligación ineludible hacer cuanto le sea posible en pro del mejoramiento y bienestar de su patria, tenemos que detenernos en la posición política que le está asignada a Rogelio, el novio de la hija mayor del líder, cuando rechaza con suavidad en la forma pero con mucha energía en la determinación, las súplicas de Luisa de que abandone sus actividades políticas: «Soy joven, tengo ambiciones que creo nobles y justas porque me anima un desinterés material absolutamente sincero......¡Yo creo, sin embargo, que tu padre tiene la obligación de luchar, que el triunfo suyo es la salvación de nuestra patria! y podrán encogerse de hombros los viejos, los ricos, los inconscientes; pero la juventud no podrá nunca cruzarse de brazos, ni sonreírse, ni encogerse de hombros siquiera, mientras se juegan su libertad y su honor de mañana!...» (Acto I, esc. iv). Con esta actitud del joven luchador, se le da proyección de futuro a los afanes idealistas del maduro político que admite: «No sé si me alcanzarán, no ya las virtudes morales, sino la energía fisiológica necesaria para llegar al fin. Estoy cansado, hijos míos, cansado de veras...» (Acto I, esc. v). Sin embargo, y a pesar de esa declaración, continúa sus denodados esfuerzos por conseguir las alianzas políticas y el apoyo popular que necesita para seguir adelante. Y al final de la obra, cuando el viejo luchador agoniza a resultas de un disparo que ha recibido de un asesino anónimo oculto entre la multitud, Rogelio se proyecta de modo evidente como el continuador de esa lucha heroica cuando rechaza enfáticamente los intentos del Teniente de calmar a la multitud. Ese apaciguamiento sería un término, un volver la página; su rechazo, su enfático «¡No!» indica su propósito de seguir adelante, lo cual está justificado como posible a través de la obra, por la activa participación que ha tenido hasta entonces. En esta escena final, Ramos usa una técnica expresionista para comunicar este propósito de trascendencia que estamos analizando como indicio más evidente de identificación con los moldes clásicos: los acordes del Himno Nacional, que escucha atentamente el Dr. Gómez Viso hasta que muere, le da a la escena la justificación necesaria para que se proyecte más allá del incidente local, hacia planos superiores.

En cuanto a las hijas del Dr. Gómez Viso, Luisa y Juana, cada una cumple una función distinta dentro de la obra. Juana, la más joven, es el obstáculo inmediato que tiene que salvar el hombre público para no dejarse vencer por su llamado de cariño hacia la seguridad del hogar en la pequeña villa sin complicaciones. Luisa desempeña el papel que Ramos reservaba para la mujer en la vida real: el de compartir con el hombre sus altas responsabilidades sin perder por ello su sensibilidad y delicadeza. Le da a su padre y a su novio, Rogelio, la comprensión y el respaldo que necesitan en las difíciles circunstancias que atraviesan, por lo cual se deja ver que será la compañera necesaria al joven líder que toma el lugar del caído.

Por eso dije al principio que el personaje central constituye un arquetipo. A través de dos figuras representativas logra Ramos su propósito de presentar una entidad animada de un espíritu permanente de patriotismo que se eleva por encima de la realidad ambiental. Ahí está el mensaje de fe que es tan frecuente hallar en las obras de Ramos. Cabría preguntarse por qué no hizo a este personaje un revolucionario; por qué prefirió colocarlo en una situación de debate parlamentario y campañas democráticas, cuando quizás aquella condición pudiera resultar más atractiva como elemento dramático. La razón habría que buscarla necesariamente en la preocupación ciudadana del autor ya que fue ésta una constante de su vida. Esta obra es escrita en los inicios de la vida republicana cubana, cuando todavía está muy reciente el recuerdo del largo período revolucionario de las guerras de independencia y además se viven las inquietudes y los tropiezos de los primeros gobiernos. Al hacer un político de su personaje, estaba sentando ciertas pautas de orientación en cuanto a la posibilidad y eficiencia de laborar por el bienestar de la nación dentro de los ámbitos constitucionales estatuidos por la República.

NOTAS

1. Para mayor abundamiento en las coincidencias y diferencias entre *Un enemigo del pueblo* y *Calibán Rex*, véase mi trabajo «Presencia de Ibsen en *Calibán Rex* de José Antonio Ramos» en *Festschrift José Cid Pérez*, New York, Senda Nueva de Ediciones, 1981, 95-101.
2. José Antonio Ramos. Prólogo. *Satanás*. Madrid, Imprenta Helénica, 1913, 6.

CALIBAN REX

Drama político cubano en tres actos. Estrenado en la Habana en el teatro Payret y por la compañía del primera actor español D. Miguel Muñoz, la noche del 27 de mayo de 1914.

PERSONAJES
EL DOCTOR GOMEZ VISO
LUISA
JUANA
ROGELIO
ANTONIO RUBIO
EL SENADOR MEDINA
DON VICTORIANO GARCIA
DOÑA ELOISA
LA NEGRA MICAELA
SR. BERNILES
SR. GONZALEZ
RAFAEL CARO
ROCAMORA
LA SEÑORA GENOVEVA
REPORTER 1.º
REPORTER 2.º
REPORTER 3.º
UN MANIFESTANTE
UN TENIENTE DE POLICIA

PRIMER ACTO

Sala recibidor elegante, pero sin lujo. Muebles de mimbre estilo tropical contemporáneo. Paredes blancas. Al fondo tres huecos a un balcón. Puertas laterales. Lámpara central colgante. Es de noche.

ESCENA PRIMERA

Al levantarse el telón no aparece nadie en escena. Se oye ruido de platos y cubiertos a la izquierda, donde se supone el comedor. Suena un timbre. Salen de repente por la izquierda, corriendo hacia la derecha, LUISA, JUANA y detrás GENOVEVA.

GENOVEVA. (*Adelantándose a Luisa.*)—Deja. Luisa, yo voy...
LUISA.—Es Rogelio...
JUANA. (*Abriendo uno de los huecos del balcón.*)—Es papá. Yo voy por el balcón...

>(Desaparecen GENOVEVA por la derecha y JUANA por el balcón. LUISA queda en el umbral de la puerta de la derecha.)

LUISA.—¿Quién es?
JUANA.—¡No es papá! (*Vuelve adentro.*) Es *El Diario de la Noche*...
LUISA.—¡Dios mío! ¡Y ya son las ocho y media y no viene ninguno de los dos!
JUANA.—Papá debía haber avisado... Cuando él no viene a comer siempre avisa...
LUISA. (*Hacia la derecha.*)—¿Era *El Diario*?
GENOVEVA.—Sí. (*Aparece de nuevo.*)
LUISA.—Dame acá... Tal vez traiga noticias...
GENOVEVA.—Pero vamos antes a acabar de comer, Luisa.
LUISA.—No, yo acabé ya... No quiero café...
GENOVEVA.—Lo tienes servido...
LUISA. (*Sentándose en la mesa central y disponiéndose a leer.*)— No, no tengo ganas...

GENOVEVA.—¡Vaya! ¡Qué impaciente eres! Vamos, Juana.
JUANA. (*Que se prepara a leer la hoja anterior del periódico.*)—No, Genoveva, no tengo ganas...
GENOVEVA.—¡Otra! ¡Pero si no has acabado de comer, Juana!
JUANA.—Espera.
GENOVEVA.—¿Qué voy a esperar?... deja a Luisa, que ya había acabado.. vamos nosotras...
JUANA. (*Preparándose a obedecer.*)—Aquí dice algo de papá... «El Senador Medina.» Mira le dicen a papá «el famoso matasanos de Villavil.»
LUISA.—¿Dónde? (*Abstraída en su lectura.*)
JUANA.—Aquí...
LUISA.—Bien, déjalo... Estoy leyendo otra cosa...
GENOVEVA.—Vamos, Juana...
JUANA. (*Yéndose con Genoveva.*)—¡Me da una rabia que le llamen así a papá!
GENOVEVA.—No hagas caso. Eso se dicen siempre unos a otros...
JUANA.—Pero ¿con qué derecho insultan así a cualquiera?
(Vanse.)

ESCENA II

LUISA sola.—Después JUANA.

LUISA. (*Después de leer un rato, comenta en alta voz.*)—Anda, viejo taimado! Si... desmiente, desmiente...
LA VOZ DE JUANA.—¿Quién? (*Luisa sigue leyendo.*) ¿Quién es, Luisa?
LUISA.—Nadie... Deja leer... (*Otra pausa y otro comentario.*) ¡Mentira!...
LA VOZ DE GENOVEVA.—¡Acaba, Juana! ¡Acaba ahí!
LA VOZ DE JUANA.—Ya no tengo ganas... (*Sale.*) ¿Qué dice, Luisa?
LUISA. (*Distraída leyendo.*)—Bermeja negando que se haya convocado a la Asamblea Municipal...
JUANA.—¿Quién es Bermeja?
LUISA.—Conservador... Tú no lo conoces, Juana; no preguntes.
(Suena otra vez el timbre.)
JUANA.—¡Papá!
LUISA. (*Simultáneamente,*)—¡Rogelio!
(Se levantan, JUANA va al balcón, LUISA hacia la derecha.)

ESCENA III

Dichos, GENOVEVA.

GENOVEVA. (*Corriendo de izquierda a derecha.*)—Deja, Luisa... no vayas tú...

(Desaparecen las tres.)

JUANA. (*Reentrando la primera.*)—¡Tampoco!... Otro telegrama... (*A Luisa que entra con una libreta en la mano.*) ¿Qué es?
LUISA.—Otro telegrama. (*Se sienta a firmar en la libreta.*)
JUANA.—¿De dónde?
LUISA.—También de Villavil probablemente... (*A Genoveva que ha venido detrás de ella.*) Toma, Genoveva... (*Genoveva vase de nuevo.*)
JUANA. (*Con el periódico extendido.*)—¡Otra caricatura contra papá!...
LUISA.—Dame acá, Juana...
JUANA.—Las espigas del Presupuesto... ¡espera!
LUISA. (*Quitándole el periódico.*)—No, tú lo leerás luego, déjame ahora... (*Se dispone nuevamente a leer.*)
JUANA.—Yo quiero enterarme también, Luisa... Por lo menos lee en alta voz... anda...
LUISA. (*Leyendo.*)—Déjame, Juana...
JUANA.—Pero, ¡lee en alta voz!
LUISA. (*Empezando por donde lee.*)—...«completamente desautorizado. El doctor Gómez Viso pretende convencernos de que él es el único que puede salvar la República, que la verdadera verdad es lo que él nos dice. ¿Quién es, sin embargo, el que pretende marcarnos a todos con la ceniza en la frente?»
JUANA. (*Leyendo a su vez.*—«El Senador Medina»... Aquí habla también de papá... (*Leyendo.*) «Un alto personaje, íntimo del Sr. Rafael Medina, nos afirma que no están en lo cierto»...
LUISA.—Deja leer, Juana!
GENOVEVA.—Juana... Deja a Luisa y ven a tomar el café, anda...
JUANA.—No, Genoveva, no, no quiero. Se me han quitado ya las ganas...
GENOVEVA.—Hasta a mí se me han quitado ya.—¡Dichosa política!...

(Va hacia el fondo.)

JUANA.—Dichosa política... y dichosa Habana. (*Por Luisa.*) Allá ésta, que estaba loca por salir de Villavil...

GENOVEVA.—Voy a decirle a María que quite la mesa... ¿No tomas el café por fin, Juana?
JUANA.—No, no tengo ganas...
LUISA. (*Comentando lo que lee.*)—¡Je! Cómo se conoce que ya se le empieza a temer... Antonio Rubio... ¿se acuerda Ud. de Antonio Rubio. Genoveva?...
GENOVEVA.—El hermano de las Rubio...
LUISA.—Sí. Está haciendo una campaña magnífica en favor de papá...
GENOVEVA.—Ese te hacía «*cucasmonas*» a ti; ¿no?
LUISA.—Cuando vivíamos en la calle del Río, sí...
JUANA. (*Que sigue leyendo la hoja anterior.*)—¡Oye! Oye... el representante Fariñas, herido...
LUISA.—¿Dónde?... (*Vuelve el periódico.*)
JUANA.—¿Ese no fué el que le pegó la bofetada a Rogelio? Aquí... Mira...
LUISA. (*Lee con avidez.*)—«Esta mañana, mientras probaba «un arma... se le disparó un tiro»... (*De pronto, profundamente impresionada.*) ¡Rogelio!...
JUANA.—¿Rogelio qué!...
GENOVEVA.—¿Qué, Luisa?...
LUISA.—¡Rogelio herido... Rogelio herido también!... Dios mío!
GENOVEVA.—¡Un duelo!
JUANA.—¿Dónde está?...
LUISA.—¡Genoveva, yo quiero ir a ver a Rogelio!...
GENOVEVA.—¿Pero cómo vas a ir a verlo sin ir acompañada de tu padre, niña?...
LUISA.—¡Por eso él no venía, Genoveva... por eso él estaba anoche preocupado, que yo se lo advertí varias veces... ¡Dios mío!
GENOVEVA.—Pero ¿qué dice el periódico? ¿Qué dice de la herida?
LUISA.—¡No, no! Pero puede ser mentira, Genoveva...
GENOVEVA.—Lee, Juana...
LUISA.—Genoveva, por Dios; ¡acompáñame a casa de Rogelio!...
JUANA. (*Leyendo.*)—«En la finca «Los Mangos», donde cazaba esta mañana en unión de unos amigos, fué asistido por uno de éstos, el Dr. Alfaro, de una herida de bala en el hombro derecho, de carácter leve, nuestro querido compañero en la prensa, el joven Rogelio Báez, herida que se ocasionó el propio amigo, al caérsele al suelo casualmente el arma que portaba»...
GENOVEVA.—¡Leve! Ya lo dice el periódico.
LUISA.—¡Dios mío! Genoveva, el periódico puede decir leve y ser grave...

JUANA. (*Para sí.*)—Anda, me alegro... que el otro salió perdiendo.
LUISA. (*A Genoveva.*)—No!... escucha! Si fuera realmente leve la herida, Rogelio ya estaría aquí, Genoveva...
GENOVEVA.—Pero Luisa...
LUISA.—Yo no puedo esperar, Genoveva, son las nueve cuando menos; por él papá no viene...
GENOVEVA.—Son las ocho y media...
JUANA.—¡Sí que es así! Papá ha ido a ver a Rogelio...
LUISA. (*Disponiéndose a ir hacia adentro.*)—No, no, yo no puedo esperar, Genoveva... Que diga lo que quiera la gente... pero si Ud. no me acompaña, voy yo sola...
GENOVEVA.—No. Luisa, no... Escucha, son las ocho y media nada más...
LUISA. (*Casi serena.*)—Voy a vestirme, Genoveva... No puedo esperar más... Ya ve Ud. que estoy serena, casi tranquila... Pero no puedo esperar, no puedo esperar más...

(Vase.)

JUANA.—¡Y se va sola!...
GENOVEVA.—Yo no soy su madre, hija. Si lo fuera no la dejaría salir. Voy a vestirme. Veremos qué se le dice a tu padre si pregunta, y con razón, por qué me he prestado a acompañarla...
JUANA.—Y yo me quedo sola ¿no es eso? Y papá sin venir y ustedes en la calle... y yo sin tener a nadie...
GENOVEVA.—Pero: ¡yo no puedo partirme en dos, Juana! Ya ves tu hermana cómo me hace caso...
JUANA.—Pues voy yo también con ustedes...
GENOVEVA. (*Saliendo molesta*).—Haz lo que quieras, Juana, hagan las dos lo que les dé la gana... Esta es la autoridad que me da Don Enríque para que me obedezcan... (*Sale.*)

(Suena nuevamente el timbre.)

ESCENA IV

Dichos.—ROGELIO

JUANA. (*Corriendo al balcón.*)—¡Ahí está papá!
GENOVEVA. (*De izquierda a derecha.*)—A tiempo viene si es él...
LA VOZ DE LUISA. (*Dentro.*)—¿Quién es, Juana?... (*Una pausa.*) ¡Quién es!

JUANA. (*Entra del balcón diciendo en voz baja.*) Rogelio... (*En alta voz.*) ¡Luisa!... (*Entra a la izquierda.*)
LA VOZ DE LUISA.—¿Quién es?
ROGELIO. (*Dentro.*)—Nos hubiéramos cruzado en el camino... (*Entra.*)
GENOVEVA. (*Detrás.*) Todo se le dijo, pero fué inútil... Ya usted sabe cómo es ella...
ROGELIO.—¿Pero ya le avisaron?...
GENOVEVA.—Sí... Juana le vió a Ud. por el balcón...
(Va hacia la izquierda.)
JUANA. (*Volviendo y deteniendo a Genoveva.*)—¡Bravo! ¡Bravo por el duelista!...
ROGELIO.—¿Y Luisa? ¿Qué hace?
JUANA. (*Riendo.*)—«*Sopita y pon.*» (*Con la saya trabada en la cabeza.*)
ROGELIO.—Anda, tonta... que de todo te ríes...
LA VOZ DE LUISA.—¡Rogelio!...
ROGELIO.—¡Aquí estoy, sano y salvo!... ¿Qué haces?... (*Va hacia el comedor. Genoveva le sigue.*).
JUANA.—¿Dónde es la herida?... ¿Cómo no tienes vendas?...
LA VOZ DE LUISA.—¡Rogelio!... (*Sale.*)
ROGELIO.—¡Miedosa!...
(Sale Luisa y reprimen un abrazo; se dan la mano.)
GENOVEVA.—Aquí lo tienes ya...
LUISA.—No. Rogelio, no... ¡no vuelvas a hacerme esto!... Dime cuando te vayas a batir, a matar, a lo que quieras, dímelo de una vez y con franqueza...
ROGELIO.—Escucha...
LUISA.—...dímelo tú mismo y a tiempo de atenerme a todo...
ROGELIO.—Pero ¿cómo iba a decirte?
LUISA.—No soy la marimacho que me suponen, pero tampoco soy cobarde... No quiero recibir sorpresas, vivir en la Luna, enterarme la última de lo que me atañe, como las princesas de las novelas, Rogelio...
ROGELIO.—¡Miedosa y más que miedosa! Crees que esa verborrea me convence de tu valor?...
LUISA.—No he dicho que soy...
ROGELIO.—Pero si estás llorando!... ¡Luisa!...
GENOVEVA. (*Interviniendo.*)—¡La que se decía valiente!... ¡eh!
JUANA.—Pues es muy natural, la pobre...
ROGELIO. (*Con profunda ternura.*)—Siéntate... No... no me quites tus manos... Déjame abrazarte en ellas, ya que no puedo

abrazarte a tí...
GENOVEVA.—¿Quieres tomar un poco de agua, Luisa?
LUISA.—No, deje... No tengo nada...
GENOVEVA.—Ha sido ahora mismo, como quien dice, cuando nos hemos enterado...
JUANA. (*Cariñosa*.)—¿No te sientes mal? ¿No? ¿De veras? Deberías aflojarte el corsé y acostarte... Anda!
LUISA.—No, no tengo nada, Juana... No me acosen, déjenme...
ROGELIO.—Ya pasó todo y no hay que acordarse más de ello... Vamos. (*A Juana y Genoveva*.) Háganse el cargo de que nada ha sucedido y que nosotros vamos ya a empezar nuestro palique íntimo...
JUANA.—Papá no ha venido todavía...
ROGELIO. (*A Luisa*.)—¿No ha venido tu padre?...
LUISA.—No. Nosotros creíamos que estaba contigo...
ROGELIO. (*Bajo a ella*.) ¡Linda! ¡Lindísima! ¡La más querida entre todas las mentirosas que fingen mucho cariño por sus novios!...
LUISA.—Eso quisiera yo...
ROGELIO.—Para después negárselo todo cuando la gente se descuida...
LUISA.—¡Interesado! Que no piensas nada bueno...
ROGELIO.—Y por qué ha de ser malo que yo quiera estrecharte entre mis brazos...
LUISA.—Cállate, no más... Dime antes dónde tienes la herida, dime qué hiciste anoche, por qué no me dijiste nada...
ROGELIO.—No te ocupes de mí, tengo un rasguño leve en este hombre, que apenas lo siento...
LUISA.—Pero en ese hombro ¿cómo pudo herirte?
ROGELIO.—No lo sé yo tampoco. Lo que sí es verdad es que si viene más adentro, me parte la yugular...
LUISA.—¡Ves, Rogelio!
ROGELIO.—Y que él salió peor de la fiesta, también es indudable...
LUISA.—¿Quién te mete a insultar a nadie, a tomar las cosas demasiado a pecho?
ROGELIO.—Le alojé una bala en el muslo derecho, por aquí de alto. (*Señala*.) Ya tiene para rato...
LUISA.—Y si te mata o lo matas tú a él, ¿qué se habría obtenido? El propio papá no ha tomado las cosas como tú... (*Por el periódico*.) Toma... ¡Desafía a cada uno de los que insultan aquí groseramente al pobre viejo, bátete mañana otra vez, hasta que acaben contigo o te metan en la cárcel!...
ROGELIO.—No te figures...

LUISA.—¿Es así cómo se hace política?
ROGELIO.—Ahora, después de los tiritos, me parece la cosa más sencilla del mundo.
LUISA.—No, no: te estoy hablando en serio, muy en serio. He sufrido mucho, Rogelio, en estos diez minutos que has tardado en llegar... Ya es bastante tormento esta aventura de mi padre para que tú también me martirices con la maldita política... Déjate de *interviews,* de burlas, de cosas con los políticos... ¡Yo te lo suplico por el cariño que me juras, Rogelio!...
ROGELIO.—No me pidas imposibles, Luisa. Soy joven, tengo ambiciones que creo nobles y justas porque me anima un desinterés material absolutamente sincero. Admiro de todo corazón a tu padre y lo veo en peligro de volver la espalda a sus enemigos. ¡Yo creo, sin embargo, que tu padre tiene la obligación de luchar, que el triunfo suyo es la salvación de nuestra patria!... Y podrán encogerse de hombros los viejos, los ricos, los inconscientes; pero la juventud no podrá nunca cruzarse de brazos, ni sonreirse, ni encogerse de hombros siquiera, mientras se juegan su libertad y su honor de mañana!...
LUISA.—Tú, no puedes, temerle al porvenir, Rogelio. Eres joven y tienes talento...
ROGELIO.—No, Luisa, no quieras que yo piense como tú. Bien está que tú como mujer cierres el universo y la patria en tu egoísmo de esposa y de madre. Pero los hombres no podemos pensar de ese modo, porque eso—no te duela—, eso se llama pensar como colonos, como esclavos!... (*Suena el timbre.*)
JUANA. (*Corriendo al balcón.*)—¡Papá!... ¡Papá es!
LUISA.—¿Quién es, Genoveva?...
JUANA. (*Reentrando y desapareciendo por la derecha.*)—Papá... papá...
ROGELIO.—¿Viene solo?... (*De pronto, abrazando a Luisa*). Un beso...
LUISA. (*Desasiéndose.*)—¡Ciego! ¡Que nos ve Genoveva!... (*Vase también y Rogelio tras ella, para volver en seguida.*)

ESCENA V

Dichos.—EL DOCTOR GOMEZ VISO

DOCTOR. (*Con Juana colgada al cuello.*) No, hijita, no, ya, comí, ya

comí, pero no pude avisar antes... Dile a María que se vaya...
JUANA.—¿Y por qué no avisaste?
LUISA. (*Besando a su padre.*) Aquí tienes a éste...
DOCTOR.—Ahora vamos a ajustar cuentas... (*A Juana.*) ¡Déjame sentar, hija, que estoy muy cansado!... Siéntate aquí... Ven... (*La sienta a su lado.*)
LUISA.—Me ha hecho pasar un sofocón como no se lo deseo a nadie...
ROGELIO.—Yo le suplico, doctor...
DOCTOR.—Me sobra discreción para reprocharle ahora ese asunto. Pero al menos déjeme aconsejarle que escoja otro camino, porque ese de las violencias y los insultos no resuelve nada y perturba mucho...
ROGELIO.—Doctor...
DOCTOR.—A nosotros nos está prohibido meter ruido.—Mientras no sepamos bien nuestros papeles, vale más que cantemos con sordina...
ROGELIO.—Le entiendo perfectamente, Doctor. Pero le garantizo que este asunto mío ha sido algo inevitable...
DOCTOR.—No se lo reprocho, ya lo dije. Al contrario, se lo agradezco de todo corazón...
ROGELIO.—Gracias. Lo doy entonces todo por bien empleado...
DOCTOR.—Pero atienda Ud. mi consejo y cambie Ud. de ruta para siempre...
LUISA.—¡Ya lo oyes!...
JUANA.—Ahora se dice: «Yo no lo volveré a hacer más, papá»...
DOCTOR.—Calla tú, loca...
ROGELIO.—Dices bien... «Perdón, papá, yo no lo volveré a hacer más»...
GENOVEVA.—Dale esos telegramas a tu padre, Juana...
LUISA.—Sí, es verdad... Sobre tu mesa tienes un montón... toma estos que han llegado esta noche... (*Se los da.*)
ROGELIO.—Esta noche me siento optimista, Doctor. Creo sencillamente que la hora del triunfo se avecina y que este triunfo no ha de ser el único...
DOCTOR. (*Rompiendo un sobre.*)—Todavía no se puede cantar victoria, hijo mío, pero yo también me siento hoy optimista.
ROGELIO.—Otra vez han sido inútiles los esfuerzos por hacer pasar en la Cámara la moción de su expulsión...
DOCTOR.—Yo no sé a qué atribuirlo todavía. Cuando el jueves acabé mi discurso, tenía la firme convicción de que sería expulsado al día siguiente...

ROGELIO.—Se dice que el Senador Medina...
DOCTOR.—No sé, hijo mío, qué sesgo habrán de tomar los asuntos. Para nadie, ni para el propio Antonio Rubio que allí en Villavil trabaja por la disidencia en favor mío, es un secreto mi resolución de apartarme de la política, si no encuentro un grupo de verdaderos patriotas, desinteresados y románticos, que me secunden en mi empeño...
ROGELIO.—¿Y por qué no ha de hallarlo?
DOCTOR.—No sé si me alcanzarán, no ya las virtudes morales, sino la energía fisiológica necesaria para llegar al fin. Estoy cansado, hijos míos, cansado de veras, aniquilado por esta ansiedad que se prolonga indefinidamente...
JUANA.—Acuéstate ahora mismo...
ROGELIO. (*Por Juana.*) Esta lo resuelve todo con irse a dormir...
DOCTOR.—Razón no te falta, hija mía, pero ni eso puedo hacer a derechas...
LUISA.—¿Por qué no avisaste?
DOCTOR.—Me fué imposible; comí con el bueno de Victoriano en el hotel, para sustraerme un rato a las preocupaciones de estos días. ¡Desde las seis de la tarde no hablo de política, hijos míos! y llegué a sentirme tan feliz, que me pasó por la mente la idea de coger el Central con Victoriano y de huir a alguna parte...
JUANA.—Y a mí me olvidabas...
DOCTOR.—Y a ustedes las olvidaba... ¡mira si me tiene atolondrado de veras esta balumba política!... (*Lee el telegrama.*)
JUANA.—Pues vámonos... vámonos todos...
LUISA.—Sí, boba, ¡en seguida!
JUANA.—Que vaya Rogelio también. ¡Si yo no me opongo, hijita!
ROGELIO.—Deja leer a tu padre, guajira...
JUANA. (*A su padre.*) Sí, a ellos les importa poco porque no te quieren de veras, mi padre; porque si te quisieran como yo te quiero, no les gustaría que sufrieses...
LUISA.—Adula, Pepe, adula...
JUANA.—Adula, Pepe, no. Luisa: porque tú no has querido nunca a nadie y ahora con el novio te figuras que tienes el cielo cogido con las manos...
DOCTOR. (*Interrumpiéndola sonriente.*)—¡Eh! ¡Eh! No vayamos a pelear ahora por eso...
ROGELIO.—No te sulfures, guajirita, que se está jugando contigo...
JUANA.—Jugando, sí... Mortificándome, como siempre...
DOCTOR.—No seas boba, que no hay por qué pelear ahora... Ojalá

pudiera sustraerme definitivamente a la política, y volverme a Villavil con todos ustedes a vivir en paz...
ROGELIO. (*Por él mismo.*)—Y el otro...
DOCTOR.—¡Eso! Ojalá se pudiera hacer siempre lo que el primer impulso de comodidad egoísta nos sugiere... (*Levantándose.*) No estaría yo esta noche en el momento crítico de decidirme tal vez a abandonar la lucha, con miedo de que así suceda...
ROGELIO.—¡Doctor! Luego Ud. no quisiera abandonar su puesto...
DOCTOR.—No. Si no soy franco aquí en familia, ¿dónde voy a serlo? Conservo por mi patria ese entusiasmo romántico de la juventud que aspira siempre a una dictadura ideal y se propone in mente todas las nobles empresas y todos los empeños generosos en servicio de la Patria. Además no puedo negarme mi carácter, mi espíritu; yo no hago de la política un medio de lucro, como invariablemente se hace entre nosotros. Estudio, escucho, trabajo en la dirección espiritual de mi patria, obedeciendo a un categórico mandato de mi naturaleza: ¡soy sincero!
ROGELIO.—Esa es la palabra... Y del número de los sinceros como Ud., puede hacerse fácil cómputo con el espectáculo dado en el Congreso...
DOCTOR.—Todavía, Rogelio...
ROGELIO.—Ya le dije que esta noche me sentía optimista; pero respecto a eso...
DOCTOR.—¡Veremos! ¡Todo menos seguir en este estado de ansiedad. Al vado o a la puente... (*Por el telegrama que tiene hace rato en la mano*). Antonio Rubio me avisa aquí que me contestará esta noche con lo que se resuelva en la Asamblea Provincial del Partido...
ROGELIO.—¿Leyó usted *El Radical*?
DOCTOR.—Sí. *El Radical* asegura que la Asamblea me ratificará su voto y que con ello quedará virtualmente separada del Partido. Esa es la labor de Antonio Rubio. Veremos. Pero al menos conseguiré romper esa mayoría del Congreso, que ha fabricado hasta hoy las leyes a su antojo sin cuidarse de las minorías ni de nadie...
ROGELIO.—¡Y se acabaron las leyes de «a serrucho»!...
DOCTOR.—¡Este es mi único empeño por ahora!
ROGELIO.—A Ud. le he oído decir que los pueblos, como las mujeres y los niños, no son tan peligrosos por falta de inteligencia como por volubles. ¡Apodérese de su corazón un momento y luego el pueblo mismo le dará las gracias!

(Suena el timbre.)

JUANA.—¿Quién será?... (*Va al fondo.*)
DOCTOR.—Es que yo no brindo juguetes, Rogelio, ni modas, ni sufragio universal... No ofrezco bombones, ni escalamiento inopinado del poder... Y los pueblos, como las mujeres y los niños, no saben distinguir entre el Amor que regaña y el Engaño que adula; prefieren el dulce que indigesta a la medicina que cura y el farsante que hace política al estadista que hace patria!...
JUANA.—Ahí suben dos hombres, papá...
DOCTOR.—Voy a recibirlos... (*Va hacia el fondo.*)
ROGELIO.—¡Dos hombres! Se dice: «dos señores o dos caballeros, guatíbera...
JUANA.—¡No te metas más conmigo, Rogelio!
LUISA.—Déjala, tú. No mortifiques...
ROGELIO.—(*Remedándola.*) «Ahí suben dos hombres, papá»...
JUANA.—¡Mejor! Si no sé hablar, mejor... Dichoso tú que hablas tan bien...
LUISA.—No le hagas caso, tonta...
JUANA.—Tú estás buena, también...
LUISA.—¿Conmigo también?
JUANA.—Ustedes tienen la culpa de que papá siga metido en estas cosas y de que no podamos volver a Villavil...
LUISA.—Como si papá ajustase su conducta a nuestras decisiones, idiota.
JUANA.—Que le cayésemos las dos arriba y verías cómo volvíamos a Villavil...
ROGELIO.—Bueno. Vamos para el balcón que esta noche es noche de visita...

ESCENA VI

Dichos, en el fondo; unas voces en el balcón, otras dentro.—EL DOCTOR, que aparece por la izquierda siguiendo a BERNILES.—GONZALEZ.

LUISA. (*Al ver aparecer a Berniles.*)—¿Quién es ése? (*Saluda.*)
ROGELIO. (*Aparte a Luisa.*)—El representante Berniles. Mientras tu padre parecía indefenso y solo, ninguno de éstos se atrevió a seguirle. Ahora vendrán a hacerle protestas de adhesión...
GONZALEZ. (*Entrando.*)—Muchas gracias, Doctor...
BERNILES. (*Como continuando una conversación con el Doctor.*)
—Tarde o temprano la opinión popular tenía que reaccionar...

GONZALEZ. (*Ya dentro.*)—Indudablemente...
(LUISA, ROGELIO y JUANA saludan sucesivamente con inclinaciones de cabeza y se retiran al fondo.)
DOCTOR.—De todos modos, créanme que agradezco sinceramente su visita...
BERNILES.—Que es algo más que una visita...
DOCTOR.—Tengan la amabilidad de sentarse...
BERNILES.—Gracias. (*Se sienta.*) Aunque en un principio...
DOCTOR.—Siéntense... háganme el favor de sentarse... ¿Decía Ud.?...
BERNILES.—Aunque en un principio, decía, se creyó generalmente que en la Cámara no habría uno que le siguiese a Ud., yo, desde el fondo de mi conciencia, me prometí ayudarle en su regeneradora empresa...
GONZALEZ.—En grupos de amigos políticos dije siempre lo mismo...
DOCTOR.—¡Gracias!...
BERNILES.—Y como lo dije esta tarde en el salón de conferencias, lo repito aquí. Por encima de los compromisos de partido y de las consecuencias de *facción*, debe ponerse la salud de la Patria. No soy representante de Fulano o Mengano, soy representante del pueblo... Con Ud. o con los otros no serviré nunca a nadie si no sirvo con alguien a la Patria...
DOCTOR.—¡Esa declaración suya es todo un credo, mi querido amigo! Por este acto de ustedes les debo una de las satisfaciones más grandes de mi vida...
BERNILES.—No nos debe usted nada. Somos nosotros los que le debemos el ejemplo del más heroico civismo en estos tiempos de corrupción...
DOCTOR.—Yo no me refería a satisfacciones políticas, sino a un regocijo íntimo del alma, amigo mío. Su importante adhesión de ustedes coincide con las más halagüeñas noticias de Villavil...
GONZALEZ.—Esta noche supimos...
DOCTOR.—Vean ustedes el telegrama del joven secretario de la Asamblea Provincial...
BERNILES.—Con su permiso... (*Lo toma*).
GONZALEZ.—Se decía que esta noche se reuniría la Asamblea, y que se separaría del Partido Conservador.
BERNILES.—Esto es... (*Lo pasa a González.*) ¿A qué hora llegó este telegrama?
DOCTOR.—No lo sé... Esta tarde probablemente. A estas horas debe estar reunida la Asamblea si se ha llegado al *quorum*.

BERNILES.—Exactamente.—Tal vez en estos momentos se esté decidiendo la suerte de la República...
ROGELIO. (*Desde el balcón.*) Ahí sube Rafael Caro, Doctor...
DOCTOR.—Debe traer noticias... Por un contraste con mi agitación de estos días, hoy he pasado la tarde ajeno a toda idea política...
GONZALEZ.—Sin embargo, Doctor, esta noche se decidirá para usted la más honrosa y difícil lucha política de estos tiempos...
BERNILES.—No me atrevo a hablar de ello, pero tampoco puedo suponer que usted desconoce el rumor sensacional de hoy...
GONZALEZ.—Esta tarde lo decía todo el mundo...
DOCTOR.—Ya sé a qué se refieren ustedes... Pero es muy difícil que el ilustre tribuno se decida...

ESCENA VII

Dichos.—RAFAEL CARO (que entra por la izquierda sombrero en mano, con aire de confianza.)

RAFAEL.—Buenas noches, señores...
TODOS.—Buenas noches...
RAFAEL.—Ya puede darse por seguro. Doctor (*Con aire de importancia.*) El Senador Medina está resuelto a ponerse a su lado... ¡Dentro de diez minutos estará aquí...
(Sensación.—Todos se levantan. LUISA y JUANA se asoman al fondo.)
BERNILES.—¡No nos equivocábamos, Doctor!...
DOCTOR. (*A Caro.*) —¿Dónde lo ha sabido usted? ¿Qué se dice en el Círculo Conservador?...
RAFAEL.—Yo no he estado en el Círculo. Fué en el *Unión Club* donde me lo afirmaron Cortezo, Fernández Lapido y Rocamora, el yerno del Senador Medina. Todos vienen con él... ¡El Partido en masa, Doctor!...
(ROGELIO acude a la entrada de la izquierda, por donde se ven llegar varios individuos.)

ESCENA VIII

Dichos.—REPORTERS 1.º, 2.º y 3.º

ROGELIO.—Doctor...

DOCTOR.—Con el permiso de ustedes... (*Va al fondo, los saluda y les habla.)*
TODOS.—Lo tiene usted... Usted lo tiene.
BERNILES.—Son los *reporters*... (*Saludando a uno desde su sitio.*) Buenas noches...
GONZALEZ.—La voz se ha extendido por toda la ciudad...
RAFAEL.—El Gobierno se queda solo... Se queda solo, con el partido de oposición... ¡Tiene gracia!
BERNILES.—Pero tenía que suceder irremisiblemente...
DOCTOR.—(*A los del fondo.*) Pero pasen... pasen ustedes... Pueden tomar notas de cuanto se diga aquí esta noche... Hasta este momento soy de todos el que menos sabe...
REPORTER 1.º—En el Círculo Conservador se afirmaba que el Senador Medina se encontraba aquí esta noche...
RAFAEL.—No ha de tardar...

(Todos conversan.)

GONZALEZ. (*A Reporter 2.º*)—Yo lo doy por seguro...
REPORTER 2.º—¿Y la Asamblea Provincial de Villavil?
GONZALEZ.—Se espera un telegrama...
REPORTER 3.º—A las ocho no se había integrado el *quorum*...
RAFAEL. (*Al Doctor, frente al Reporter 1.º*)—Yo no tengo dudas porque lo he oído de labios del propio Rocamora, su hijo político...
ROGELIO. (*Imponiendo silencio con un gesto.*)—Andrés Rocamora con los dos hermanos Cortezo...
RAFAEL.—¡Ahí está!

(Murmullos.—Algunos van al fondo, precedidos del DOCTOR.)

ESCENA IX

Dichos.—ROCAMORA.—Otros Individuos

ROCAMORA. (*Al fondo.*)—Buenas noches, Doctor...
DOCTOR.—Muy buenas noches...

(Otros saludos.)

REPORTER 3.º—A desmentir probablemente...
REPORTER 2.º—O a confirmar...
REPORTER 3.º—Ya lo veremos...
ROCAMORA. (*Adelantándose, junto al Doctor y rodeado de todos.*)

—Sí, señor, traigo la honrosa misión de anunciarle a usted su visita...
DOCTOR.— Yo tendré una satisfacción inmensa en estrechar su mano... una satisfacción como recuerdo pocas o tal vez ninguna en toda mi carrera política... (*Siguen hablando*)
REPORTER 2.º (*Al 3.º*)—Qué hubo de eso?
REPORTER 3.º—¡Todavía falta la Asamblea de Villavil! Y no será tan fácil que la Asamblea conservadora se decida a separarse del Partido...
REPORTER 2.º—Pero si Antonio Rubio ha convocado la Asamblea para esta noche...
REPORTER 3.º—A las ocho no se había integrado el *quorum*...
REPORTER 2.º—¡Ya veremos!
REPORTER 3.º—¡Ya veremos!
ROCAMORA. (*Continuando su conversación con el Doctor y el grupo.*)—No, desconfianza no. Quise decir temor, falta de fe...
BERNILES.—Pero ya ve Ud. que en toda la República se ha levantado como un clamor...
ROCAMORA.—Repito que mi opinión personal íntima pesa demasiado poco para que se preocupen Uds. discutiéndola; pero frente al doctor Gómez Viso debe ser sincero y lo soy... (*Al Doctor.*) Tengo más fe en Ud., doctor, que en sus doctrinas. Conquistar votos...
DOCTOR.—¡Por ahora, votos, no!
ROCAMORA.—¡Conquistar adeptos, fundar un partido! Con un programa como el suyo, abiertamente antidemocrático, me parece una aventura extraordinaria la de hacer política en América!...
REPORTER 3.º (*Al Reporter 2.º.*)—¡Muy bien dicho!
BERNILES.—No es un programa abiertamente antidemocrático, como Ud. dice...
DOCTOR.—Ud. perdone... Creo que tal vez no se equivoca nuestro distinguido amigo. Pero eso no hace más que denunciar un prejuicio profundamente arraigado entre nosotros. Porque ni la democracia, o, mejor dicho, la oclocracia, es cosa nueva en el mundo, ni está probado todavía que sea la política ideal e indiscutible...
ROCAMORA.—¡Pero la libertad, querido Doctor!...
DOCTOR.—¡Todos los grandes libertadores fueron espíritus de selección, querido amigo, espíritus de aristocracia!

(*Murmullo de aprobación.*)

ROGELIO. (*Desde el balcón.*) ¡El senador Medina! Ahí está...
   (Vese a ROCAMORA que abraza sonriente al DOCTOR, y juntos van hacia el fondo.)
REPORTER 3.º (*A su compañero.*)—Romanticismo puro, chico, con nuestro pueblo todo esto es perder el tiempo...
REPORTER 2.º—Me parece que decir eso no es hacer mucho honor a nuestro pueblo...
REPORTER 3.º—¡Pero es lo práctico, compadre, es lo práctico!...

ESCENA X

Dichos.—EL SENADOR MEDINA.—Otros individuos.—Aquél entra saludando a un lado y otro.—Junto a él EL DOCTOR GOMEZ VISO.

MEDINA. (*Al llegar a primer término.*)—Estoy entre amigos...
DOCTOR.—Entre amigos. Entre cubanos, como reza la locución popular, pero reunidos para fines bien distintos...
MEDINA.—Entre cubanos, justamente, cubanos que hemos sentido un momento la necesidad de reconocernos íntimamente patriotas, sin temer al ridículo de nuestra sinceridad y nuestra buena fe...
DOCTOR.—¡Bravamente dicho, mi ilustre amigo!
MEDINA.—Agradezco de todo corazón el efusivo recibimiento con que he sido honrado. El objeto de mi visita, que casi huelga expresar, debió presumirlo Ud. desde la sesión del jueves. Sus valientes acusaciones no me ofendieron porque no podían ofenderme. Me convencieron de que aun hay hombres capaces de sostener a nuestra patria en el prestigio que le dieron sus más preclaros hijos...
DOCTOR.—Que no nos hayamos equivocado y que este paso de su vida ilustre, siguiendo la mía, modesta y obscura, sea para bien de la Patria y de usted!
MEDINA.—Lo será, Doctor...
DOCTOR.—Una palabra... Hasta este momento pude aparecer como figura central, y hasta fué posible que desde Villavil se me llamase jefe de este grupo. Yo quiero dar el ejemplo de la obediencia a las jerarquías que tanto necesita nuestra sociedad, y en este momento tomo mi puesto y pido el honor de llevarle a usted al suyo...
MEDINA.—Mi puesto...

DOCTOR.—(*Alzando la voz.*) Señores... ¡Saludemos en el ilustre prócer de la Patria, a nuestra cabeza visible, a nuestro jefe!... (*Aplausos.* El Senador Medina quiere hablar y se hace silencio.)
MEDINA.—Es inútil que se invoquen aquí... (*Alzando la voz.*) es inútil que se invoquen aquí prestigios pretéritos que están bien en su puesto. Si atendemos a las jerarquías naturales, a las doctrinas de nuestro admirable y heroico doctor Gómez Viso, es él con su acción y su pensamiento de hoy, el que debe guiarnos y representarnos. Su juventud, su entusiasmo y su heroísmo le dan derecho a ese puesto. (*Murmullo.*) Yo quiero conservar el que me he tomado, y será inútil que se trate de aconsejarme otra cosa. Mi propósito es el de secundarle y apoyarle y quiero que todos veáis como veo yo en el doctor Gómez Viso, nuestro adalid y nuestra esperanza!... (*Murmullo de aprobación. El Doctor da las gracias efusivamente al senador Medina.*)
DOCTOR. (*Al cabo de algunos esfuerzos por callar los murmullos.*)— Hace mucho tiempo, amigos míos, que soñaba con verme así al frente de un grupo de hombres, entre los cuales más que intereses políticos hubiesen lazos de amistad y afinidad de ideas; hace mucho tiempo que anhelaba lanzarme en política hacia una orientación nueva y honrada, que demanda nuestra Patria, que demanda toda la América de habla castellana, como compensación histórica a sus tantos siglos de oclocracia y caudillaje. Es necesario renovar valores y desvanecer prejuicios nacidos en nuestro afán de copiar de Europa hasta sus errores. América no es Europa, y ya es hora de que fundemos una ciencia política nuestra con una filosofía de nuestra historia, sin sugestionarnos por lo que las voces de aristocracia y democracia, de libertad y de reacción, signifiquen y valgan en las viejas naciones europeas... ¡No hay nada más ridículo, americanos, nada más grotesco que nuestro horror por lo que se nos antoja aristocrático en nuestra América; porque nuestro odio es retórica pura, aprendida de memoria en las luchas europeas de hace dos siglos! Entre nosotros no ha habido nunca aristocracias que no fuesen las dispuestas por las leyes ineluctables de la Naturaleza, y que no fuesen ingratamente perseguidas por las muchedumbres. Y sin embargo, todas nuestras libertades las debemos a esa aristocracia. Y dije mal *nosotros*: ¡el hombre, la humanidad entera se las debe!... Desde Orfeo, Moisés, Zoroastro, las humanidades, las muchedumbres, lo deben todo a sus grandes hombres, a los seres pensantes y superiorizados, dotados de una visión como desde lo alto de su época y del

porvenir. Fué por el servilismo y la barbarie de esas muchedumbres por lo que nació el señor, y por su adocenamiento que el señor se convirtió en déspota y sus secuaces en casta. Pero los hombres superiores, los héroes, no han muerto ni morirán nunca. A despecho de los reyes, de los tiranos y de las castas, Jesús y Mahoma, Simón, Averroes, Lutero y tantos otros, han marcado derroteros a la Humanidad. A despecho de los reyes y de las castas, un centenar de aquellos hombres ha borrado y reescrito a su antojo los trazos de la geografía política universal, expulsando bárbaros y creando patrias, aboliendo cadenas y creando hombre libres... ¿Cómo esas muchedumbres, cómo el pueblo, que no designó jamás a sus salvadores, que conoció siempre tarde a sus libertadores, osa arrogarse la suprema dirección de sus propios destinos, y condena a sus próceres, a sus mejores, a sus sobresalientes, en nombre de una democracia que jamás entendieron?

(Aplausos.—Se nota un movimiento hacia el fondo.)

UNA VOZ.—¡Un telegrama!...
OTRA.—¡El telegrama! ¡Es el de la Asamblea!
(Algunos silban ordenando silencio.—EL DOCTOR deja su oración para tomar un telegrama que le entrega ROGELIO.—El murmullo cesa gradualmente.)
DOCTOR. (*Nervioso, convulso, sin acertar a abrir el telegrama.*)—Esto es más importante... ¡Diablo! ¡No acierto!... Perdónenme que esté un poco nervioso... (*Lo abre.*) Es de Rubio... (*Con profunda emoción.*) «Asamblea Provincial absoluta mayoría acordó desautorizar actitud Ejecutivo contra usted, ratificándole completa adhesión: Rubio.»
VOCES.—¡Bravo! La separación del partido! Es un hecho! Muy bien!

(Crece el murmullo. EL DOCTOR recibe apretones de manos y abrazos efusivos.)

TELON

SEGUNDO ACTO

Sala de una casa modesta en una capital de provincia.—Al fondo, dos ventanas enrejadas que dan a una calle, y a la derecha una puerta de entrada que da a otra calle. Dos puertas a la izquierda.—Mobiliario antiguo, estilo Reina Ana, mezclado con piezas modernas, de mimbre.—Un sofá a la izquierda.—Del centro pende una lámpara.—Es tarde, cerca de la noche.

ESCENA PRIMERA

JUANA.—D.ª ELOISA.—LA NEGRA MICAELA

(Por la calle, tráfico de gente y el ruido de algún coche.)

ELOISA.—La procesión del *Corpus,* hija... ¡ése sí era un gran día para Villavil!... Esa plaza de Medina era chiquita para tanta gente como venía a ver salir la procesión...
MICAELA.—Juana no *pué acordase deso... Tú taba* así, chiquitica...
JUANA.—Sin embargo, yo me acuerdo de algo...
MICAELA.—No *pué sé,* niña *Loisa...*
ELOISA.—Tenías ya cinco o seis años... es posible...
JUANA.—Me acuerdo mejor del día que entró Máximo Gómez...
ELOISA.—Es verdad...
JUANA.—Que un caballo estropeó frente a casa al hijito de Tomasa la cocinera...
MICAELA.—Nació el *condenao* negrito *aqué* día! ¡Sí, *señó,* que *é vedá*!
JUANA.—Y mira si me acuerdo: En el parque no cabía la gente, y para venir hasta aquí tardamos media hora. Papá me traía a mí cargada, y a Luisa la traían entre Tomasa y tú... (*Por Micaela.*)
MICAELA.—¡Cómo *etá* esa muchacha, eh, niña *Loisa...* (*A Juana.*) Tú *etá* hecha una *mujé,* pero Luisa te gana... Chiquitica *entoavía* y parecía la *cosamala, revoviéndolo tó...*

ELOISA.—Sí... Luisa fué siempre muy distinta a ti...
JUANA.—Nosotros siempre estamos peleando. Yo no puedo vivir sin ella ni ella sin mí, pero nos pasamos la vida diciéndonos cosas... Y es que Luisa presume de burlona y de valiente: y en cuanto yo me burlo de ella, se insulta!...
ELOISA.—Valiente, ya ves si lo es... Yo no me hubiera atrevido a ir a esperar a tu padre al paradero, con la gente como está hoy...
JUANA.—Pero es que ella ha ido más por miedo a que le pase algo a Rogelio que por valor propio...
ELOISA.—Quiere mucho al novio, por supuesto...
MICAELA.—¡*Pué* no va a *querelo*, niña *Loisa*, si se le *etá* viendo en la cara!
JUANA.—¡Está pesadísima, insoportable! Como si en el mundo no hubiera más cariño y más cuidado que el del bobo ese...
ELOISA.—¡Jesús, Juana! Y tú, ¿no te llevas bien con él?
JUANA.—Yo sí. Siempre se está metiendo conmigo, y yo que no me muerdo la lengua...
ELOISA.—Pero esa excesiva confianza de tu padre en ese muchacho, no me parece bien, Juana. Viajar dos muchachas solteras con el novio de una de ellas, me parece una atrocidad... Yo no sé cómo tu padre pudo pensar eso... ¡Si las viera a ustedes su pobre madre, no lo creería!...
JUANA.—Por mí... yo... Francamente, Eloisa, a mí lo que hace mi padre, siempre me parece lo mejor... No es adulación, no; no es como dice Luisa, que yo me paso la vida haciendo méritos... ¡Es que me parece que todo lo que él hace está bien hecho!...
ELOISA.—Sí, sí... Yo lo comprendo... pero ¿qué quieres, hija... Estas cosas modernas en la mujer no acaban de parecerme buenas... Victoriano ve por los ojos de tu padre; cuanto él hace y dice le parece también inspiración divina; lo llama el Salvador de la Patria, el hombre más honrado de la tierra... ¡qué sé yo! Pero yo soy antigua y antigua me quedo... ¡ojalá me equivoque yo y no ellos!
(El ruido en la calle, ha ido creciendo insensiblemente.—Llaman a la puerta.)
JUANA. (*Dando un brinco y corriendo a la ventana.*)—¡Ahí tocan!...
ELOISA. (*A Micaela.*)—Ve por la ventana, Micaela: no abras sin ver...
MICAELA.—Voy, niña *Loisa*; ¡no empiece *uté* con su *mieo*, por *Dió*!
JUANA.—Sí... Es a Ud., Micaela...
MICAELA.—Esa debe ser ser *Goya*, que la *llegá* del *caayero* Enrique la tiene *alborotá*... ¡La *mima*! (*Abre y se queda a la puerta.*)
ELOISA.—No, Micaela, no... No te quedes en la puerta... sal o entra,

que no está la tarde para tener la puerta de la calle abierta...
MICAELA. (*Desde la puerta.*)—Yo voy a la *equina*, niña *Loisa*, dice Goya que la gente viene ya por la calle del Paradero... (*Vase.*)
JUANA.—Déjela, Eloisa, ¿qué nos puede pasar?
ELOISA.—¿Tú también?...
JUANA.—Yo estoy nerviosa, sí, pero miedo no tengo... (*Transición.*) ¡Mire! ¡Mire!... la gente corre para abajo... ya debe venir mi padre...
ELOISA.—Juana, por Dios... y nosotras aquí solas en la casa...
JUANA.—¡Pero no vienen precisamente hacia aquí, Eloisa! ¡Ud. es más miedosa que yo!...
ELOISA.—¿Qué quieres? No puedo evitarlo, yo no soy una mujer a la moderna, como ustedes... A mí todas estas cosas de gente y de manifestaciones me dan miedo... ¡Las cosas que he oído yo en un tiempo que se hacían en días de éstos, aprovechando los molotes y los corre-corre!... ¡Acuérdate de la pobre Josefina Bolaño, que se quedó tuerta de un volador que le entró en el ojo!...
JUANA. (*Viniendo a Eloisa con cierto aire confidencial.*)—Ahí va un señor que yo conozco. Eloisa... ¿cómo se llamaba aquel señor calvo que enamoraba a Luisa desde que era chiquita... que tocaba el piano?...
ELOISA.—Rodelgo...
JUANA.—Rodelgo, no... A Rodelgo lo vimos ayer, el pobre... Aquel otro viejo, muy ridículo, que ponía los ojos en blanco... ¿No se acuerda? ¡Que después enamoró a las Calderón, y fué novio de la mayor!...
ELOISA.—¿Peribáñez?
JUANA.—¡Ese!... Por ahí va, metiendo mucho los ojos para adentro...
ELOISA.—Se casó con Enedina Calderón... y ahora ha cogido el dinero del viejo, que les dejó la tienda a las hijas...
JUANA.—¡Qué viejo está, el pobre!... (*Riendo.*) Y querrá que Luisa lo vea! ¡Sí que vas a impresionarla si te ve!
ELOISA.—Irá al paradero...
JUANA.—Ya son tres los enamorados de Luisa que hemos visto... Antonio Rubio se la quería comer ayer con los ojos...
ELOISA.—Se habla mucho ahora de ese muchacho... ¡Ya verás la importancia que se están dando las hermanitas!...
JUANA.—Y en la Habana también, Eloisa. Usted no sabe las veces que los periódicos repiten su nombre.
ELOISA.—Quién se lo había de decir al pobre, ¿eh?

JUANA.—¿Y ahora vendrá él aquí?
ELOISA.—¡Pero si no salen de aquí! Desde que tu padre metió a Victoriano en la política, raro es el día que no vienen cuatro o cinco tipos de esos a buscarlo.
(Crece notablemente el ruido en la calle.—Se oye algún volador y el eco de música lejana.)
JUANA.—Qiga, oiga, Eloisa... ya vienen... (*Murmullo cerca.*)
ELOISA. (*Desde el centro de la sala.*)—¡Por Dios, Juana. ¡Ten cuidado!...
JUANA.—Pero ¡si está cerrado el postigo, Eloisa! ¡Qué miedosa es usted!
(El murmullo de la gente que habla en la calle, invade la escena.)
ELOSIA.—¿Qué dice ese hombre?
JUANA. (*Desde la ventana.*) No lo conozco... saludó nada más...
ELOISA.—¿Qué figura tenía?
JUANA.—¿Qué se yo, Eloisa¿ ¡Ni me fijé siquiera!... ¡Ahí vienen, ahí vienen! Dicen que viene por la calle de Agramonte... ¿Cuál es la calle de Agramonte, Eloisa?
ELOISA.—Santa Marta, Juana... ¿cómo no te acuerdas?
JUANA.—Yo quisiera salir!...
ELOISA.—¡Jesús, niña!
MICAELA. (*Desde la calle, gritando por la ventana hacia adentro.*)
—Niña *Loisa*! !Niña *Loisa*! ¡Ya vienen!...
JUANA. (*Brincando y saltando delante de Eloisa.*)—¡Déjeme ir con Micaela hasta el puente, Eloisa!
ELOISA. (*Escandalizada.*)—¿Qué dices?
JUANA.—¡Hasta la esquina... hasta la esquina de la iglesia, Eloisa!... ¡Sí!... ¡Sí!
ELOISA.—Imposible, niña, imposible!
MICAELA. (*Lo mismo.*)—¿Qué fué, niña *Loisa*?
ELOISA.—¡No!... ¡No!... ¡Imposible!...
JUANA. (*Volviendo a la ventana.*)—Digale que me deje, Micaela!...
MICAELA. (*A gritos.*) ¡Ya *etán* ahí!... Ya *etá* ahí la gente!...
(Ya se oyen claramente una charanga que toca alguna marcha, y los gritos de la multitud.—JUANA, saltando y brincando, no deja la ventana.—ELOISA permanece en medio de la sala como aterrada.)
JUANA. (*Gritando y corriendo hacia la puerta.*)—¡Ahí viene papá!...
ELOISA.—¡Niña!
(JUANA abre la puerta y no evita que entren varias mujeres del pueblo.—ELOISA, despavorida, corre hasta el umbral de una puerta lateral.—LA NEGRA MICAELA grita y baila desaforadamente entre las mujeres.)

70

VOCES FUERTES. (*En la calle.*)—¡Viva Gómez Viso! ¡Viva el Partido Democráticooo!
(La confusión alcanza su máximum.—La charanga toca ya junto a la puerta.)

ESCENA II

Dichos, EL DOCTOR GOMEZ VISO, LUISA, ROGELIO, ANTONIO RUBIO, VICTORIANO, manifestantes, pueblo, etc.—Por un momento, todos hablan y gritan.—Se cruzan abrazos, apretones de manos, etc.—La gente comienza a retirarse.—EL DOCTOR intenta hablar y todo el mundo ordena el silencio, que al fin se hace a duras penas.

DOCTOR.—¡Os suplico!... ¡Os suplico, queridos amigos míos, que me dejéis reposar un momento... un momento... sí... para reposar... (*A los suyos.*) ¡Ya no sé lo que estoy diciendo! (*Alto.*) ... para descansar... para tomar un bocado...
VOCES.—¡Viva el doctor Gómez Visooo!
DOCTOR.—¡Un poco de paciencia! ¡¡Si deseáis tanto que viva... dejadme vivir!!
(Risas y vivas.—La gente comienza a marcharse; todos quieren estrechar la mano al DOCTOR.)
ROGELIO. (*De dentro afuera, en la ventana, mientras la gente se despide del Doctor.*)—¡El doctor Gómez Viso desea, y os ruega, que vayáis a comer, para que estéis temprano aquí, frente a la plaza. Allí él os expondrá sus salvadoras doctrinas, y tendréis entonces ocasión de aclamarle!...
MUCHAS VOCES.—¡VIvaaa!...
VICTORIANO. (*Al Doctor.*)—Sal... sal un momento a la ventana...
DOCTOR.—¡Vamos allá!
(EL DOCTOR se asoma a la ventana, sobre una silla.—Aclamaciones.—En el ínterin, RUBIO y VICTORIANO despiden a los MANIFESTANTES en la puerta.)
VICTORIANO.—Adiós... adiós... Hasta lueguito... Hasta lueguito...
DOCTOR. (*Que vuelve, abrazado por sus dos hijas.*)—¡El vértigo, el vértigo!... ¡Caricias como las del cachorro del león!...
UN MANIFESTANTE. (*Retrasado.*)—Adiós, Doctor...
DOCTOR.—Adiós... Hasta luego...
MANIFESTANTE. (*Retrasado.*)—Adiós, Doctor...
DOCTOR.—¡Perfectamente!... Mi buen amigo... mi buen amigo... ¡Hasta luego! ¿eh?

MANIFESTANTE. (*A Rubio.*)—Hasta luego, señor Rubio... (*Cambian algunas palabras en voz baja.*)
RUBIO.—Hasta luego...
LUISA. (*A su padre.*)—¿Sabes quién es?
DOCTOR.—Yo no, hija, ¿pero cómo quieres que se lo diga?...
JUANA.—¡Temístocles... el hojalatero!...
LUISA.—¿No te acuerdas?
DOCTOR.—¡Ya! ¿Cómo no me voy a acordar de Temístocles... del estupendo y helénico Temístocles...
VICTORIANO.—¡Al fin! (*Desde la puerta, que cierra la negra Micaela.*) (*A ésta.*) ¿Y mi mujer, dónde anda?...
MICAELA.—*Tá* allá dentro... *Tá metía* en el baño...
JUANA.—Se fué... muerta de miedo!
DOCTOR.—Voy a saludarla... ¡Déjame, Juana!
(Vanse todos, menos ROGELIO y ANTONIO RUBIO.)

ESCENA III

ANTONIO RUBIO.—ROGELIO

RUBIO. (*Con tono seco, duro.*)—He querido ante todo demostrarle lo que represento en Villavil. He querido que vea por sí mismo cuál ha sido mi labor y cuáles los resultados... Ahí los tiene Ud.
ROGELIO. (*Nervioso, también agresivo.*)—Usted se equivoca... Perdón. Usted se equivoca... *Eso*, no es lo que representa Ud. en Villavil: es lo que representa el Dr. Gómez Viso en toda la República...
RUBIO. (*Conteniéndose.*)—¡Lo veremos!...
ROGELIO.—Lo veremos. No lo creo a Ud. capaz de creer que con sólo una palabra suya, ese pueblo que hoy aclama al doctor Gómez Viso le vuelva mañana las espaldas...
RUBIO.—Lo veremos, le repito. Estoy aquí con plenos poderes de todos mis correligionarios y amigos. Después de *esto*, creo que el doctor Gómez Viso no querrá continuar andando por las nubes. Aquí he venido para entendernos con él, (*Despectivamente.*) solamente con él. Y sé que nos entenderemos...
ROGELIO. (*Como consigo, tristemente.*)—No... no lo conocen, no... No lo conoce Ud. ni nadie...

(Un silencio.)

ESCENA IV

Dichos.—EL DOCTOR.—VICTORIANO

DOCTOR. (*A Rubio; receloso, pero afablemente.*)—¿Por qué no se ha sentado usted?... Siéntese... siéntese usted... Estoy a su disposición, mi querido amigo... Yo también, como le dije en la estación, sospecho que habremos de entendernos. ¡Malgastar, tirar por la ventana el sano entusiasmo de esas multitudes, sería un crimen de lesa patria!... Y yo no lo creo a Ud. como las circunstancias políticas parecen querer presentármelo, amigo Rubio... ¡Yo me resisto a ver en Ud., con sus años, con sus bríos, con su talento, un ambicioso vulgar!...
RUBIO.—Muchas gracias, Doctor... muchas gracias. (*Un silencio embarazoso.*) Usted sabe, Doctor, cómo estoy en este momento ante usted... Represento, con carácter, con poderes completos, con el voto de todos mis compañeros, a la Asamblea Provincial...
DOCTOR.—La Asamblea Provincial...
RUBIO.—Bueno... a los que forman la disidencia, al grupo... a los amigos que trabajamos y pusimos en sus manos la dirección del Partido...
DOCTOR.—Sí, comprendo...
RUBIO.—La Asamblea... acordamos, como Ud. sabe, invitarle a venir en viaje de propaganda a Villavil... Hasta ahora, Doctor, como sabe usted bien, la Asamblea... nosotros... no le hemos dicho a usted una palabra...
DOCTOR.—Conozco...
RUBIO.—Sí... Quiero decirle que hasta ahora ha procedido Ud. en sus discursos, en sus artículos, en su propaganda propia, sin contar para nada con nosotros...
DOCTOR.—Creo que tengo de sobra explicadas las razones, mi joven amigo... Mientras yo preparaba y trabajaba sin descanso por la provocación de una nueva orientación política, con moldes nuevos, con nueva savia, alejando bastardías y ambiciones, usted me escribía de pactos con los disidentes de Partido Radical... ¡pactos nosotros! Y ¿para que? Me hablaba de mayorías por sorpresa en el Congreso, de aspiraciones de Fulanito, de cargos politicos, de indultos, de combinaciones con el Jefe de Policía... ¡con qué sé yo quiénes más!...
RUBIO.—Un momento, Doctor... Sería inútil volver a empezar por

73

las mismas explicaciones, que ni a nosotros... ni a usted, hasta ahora, según parece, han convencido. La resolución de la Asamblea es terminante, y a ella, nada más que a ella debo atenerme yo... Hasta ahora, hasta que ya no me ha sido posible aguantar... bien... no nos ha sido posible esperar; usted perdone si en este momento...
DOCTOR.—Continúe Ud., libremente...
RUBIO.—Hasta ayer... hasta que los conservadores no creyeron de buena fe en las supuestas diferencias entre Ud. y nosotros, nosotros confiamos en traerle a Ud. a la realidad...
DOCTOR.—¡A mí, a la realidad!...
RUBIO.—Usted perdone...
DOCTOR.—¡Pero hasta cuándo, amigo mío, ha de imperar este concepto de la realidad lastimosamente ilusorio y primitivo! ¡La realidad no es solamente el día de hoy, la hora presente!... ¡También el día de mañana es realidad, también la ración de mañana es necesaria a nuestro cuerpo, tanto como la que hoy digerimos! ¡La realidad de ustedes se parece demasiado a la de un condenado a muerte, para que la podamos aceptar todos los hombres!
RUBIO.—Doctor... usted perdone...
DOCTOR.—¿A qué llaman ustedes *realidad*, a qué llaman lo *práctico*? ¿A comprometer un movimiento espontáneo y desinteresado de las masas, por servir los intereses mezquinos y simplemente bárbaros de dos o tres caudilletes sin visión del porvenir, sin idea de la sociedad ni de la patria, procupados tan sólo de aumentarse sus más groseros goces materiales?
RUBIO.—¡Doctor! ¡Está usted hablando!...

(Una breve pausa.)

DOCTOR.—Hable usted... y excuse mi interrupción... Pero es que adivino que soy extraño a ustedes... que en el seno de esa Asamblea... lo que sea... no se me entiende, ni se me ha entendido nunca... Hable usted. Vuelvo a rogarle: usted perdone...
RUBIO.—Yo debo confesar que... en efecto... nunca debimos intentar entendernos, Doctor... Y la culpa no fué nuestra... porque nadie trabajó con más ahinco y más desinterés que yo...
DOCTOR.—Es usted joven, tiene talento, ideales tal vez... ¡para cuándo el desinterés y el heroísmo, si a su edad no se tienen!
RUBIO.—Yo le agradezco a Ud. sus elogios... le admiro su elocuencia, su civismo... ¡yo quisiera soñar, yo quisiera pensar con usted y dejar todo esto, Doctor!... Pero aquí estoy a cumplir una misión bien distinta, y a ella debo atenerme... Sé demasiado que

no a mí, sino a todos, sería usted capaz de deslumbrarnos... sí... de convencernos... de llevarnos donde quiere Ud. llevarnos... Ahora no estoy aquí más que para cumplir mi misión...
DOCTOR.—Hable usted...
RUBIO.—La Asamblea tenía que dar el mitin, y haberlo dado sin usted hubiera sido dar evidencia a lo que ya no sé cómo habrá de resolverse... Se le invitó... yo le escribí aquella larga carta...
DOCTOR.—La he leído cien veces...
RUBIO.—Y usted aceptó, sin aceptar las condiciones que en mi carta le exponía prolijamente, razonadamente, como en este momento no podría repetirlo. La Asamblea se siente profundamente postergada... (*Movimiento del Doctor.*) postergada, sí señor, y ha acordado ratificarse en sus acuerdos secretos anteriores... Mi carta ha sido leída en la Asamblea y ha merecido su aprobación más entusiasta. Es imposible, Doctor, que un hombre de su talento no vea en esa sincerísima expresión de nuestras ideas y nuestros sentimientos, la necesidad irreductible en que estamos todos, tanto usted como nosotros, de aceptar los hechos como son, y aprovechar las circunstancias que nos empujan a realizar nuestros ideales políticos en cercano término. La Asamblea ha confiado y confía ardientemente en su patriotismo, en su admirable civismo, y cree imposible que haya Ud. de precipitarla y precipitarse a sí mismo en una divergencia que sería la ruina completa de todas nuestras más caras ilusiones, de nuestro trabajo, de nuestra estupenda labor realizada hasta dejar en sus manos la dirección del Partido Democrático...
DOCTOR. (*Nervioso.*)—Pero... ¿y de mis ideas, de mis discursos, mis artículos, mi infatigable predicar; de mis honrados ideales, ideales verdaderos, que nada tienen que ver con esas ambiciones vuestras, ¿qué habéis dicho? ¿qué habéis pensado, sentido?... ¿Qué habéis hecho de mi programa político?
RUBIO.—Todo lo que podíamos hacer: imprimirlo y repartirlo. Hemos tirado veinte mil ejemplares en vez de los diez mil que Ud. nos dijo: ésa es la única queja que puede Ud. presentarnos...
DOCTOR. (*Profundamente amargado, conteniendo apenas la cólera.*)—¡La ironía... la horrible ironía que esa respuesta suya encierra!... ¡Eso es todo lo que sabéis hacer de un programa político como el mío: imprimirlo... y repartirlo!...
RUBIO. (*Ofendido ante el gesto agresivo del Doctor.*)—¡Doctor!...
DOCTOR.—¡Eso es todo lo que habéis entendido de mi palabra honrada!...
RUBIO. (*Secamente.*)—Señor Gómez Viso: no tengo obligación de

oirle a Ud. en esa forma... La Asamblea se hará cargo de esa actitud, y resolverá lo que tenga a bien. Yo he terminado mi misión...

DOCTOR.—¡Diga Ud. a esa Asamblea que no la reconozco!... ¡Diga Ud. a esa Asamblea, que ni la reconozco a ella ni le concedo a nadie el derecho de pactar en mi nombre coaliciones ni manejos indignos con caudillos de barrio!... Yo me basto y me sobro... el pueblo dirá lo demás...

RUBIO.—¡La Asamblea contestará como ella sabe y puede contestar a Ud. esos desplantes suyos!... ¡Ya se le enseñará a Ud., señor Gómez Viso, cómo el pueblo está harto de dictadores y mandarines!...

DOCTOR. (*A Victoriano y Rogelio que le hablan.*)—¡Sí!... Vale más acabar una vez. Esto no tiene otra solución... ¡Esta gente no sólo no siente la honradez política, sino que niega su existencia!...

RUBIO. (*A. D. Victoriano.*)—Es indigno que se me obligue, señor García, a tolerar ese lenguaje...

D. VICTORIANO.—Yo les suplico, señores...

DOCTOR. (*Fuera de sí.*)—No creéis que mi programa político de hoy fué el anhelo de toda mi vida, ni creéis que sea franco, ni creéis que haya desinterés en mis empeños... ¡no, no creéis nada, nada, fuera de la ración de hoy, ya puesta en el plato!... ¡Ni creéis siquiera que esta indignación mía es sincera!...

(Salen del interior, tímidamente, LUISA y JUANA.)

D. VICTORIANO.—Tengamos calma... hablemos con calma...

DOCTOR. (*Dominándose poco a poco.*)—Deja... yo no la pierdo nunca en el fondo de mi conciencia... Pero ya he dominado bastante esta expresión de mi verdadero pensamiento frente a las ruindades que también esta vez pretenden imponérseme. He venido a Villavil convencido de la necesidad de esta ruptura: ya ves si esto no puede sorprenderme...

RUBIO.—Lo acaba Ud. de decir. Después de eso, tengo oído bastante. Es inútil repetirle, Sr. Gómez Viso, que desde este momento nada tiene Ud. que ver con la Asamblea ni con el Partido Democrático...

DOCTOR.—¡Con el Partido Democrático!...

RUBIO.—La Asamblea hará saber al pueblo esas palabras suyas... ¡Y

él dirá lo demás, como usted ha dicho bien!... Señores... (*Se inclina.*)
DOCTOR. (*Con Rogelio.*)—No... no... ¡Están locos! Están locos completamente...
D. VICTORIANO. (*Con Rubio.*)—No, no es posible, señor Rubio, que no se tome algún acuerdo, que todo quede en esto... ¿qué se hace del mitin? ¿qué se dice a la prensa, a todo el mundo?
RUBIO.—El mitin será suspendido antes de media hora: las razones las dirá la Asamblea oportunamente. ¡Nosotros tenemos la conciencia tranquila y la satisfacción del deber cumplido!...
D. VICTORIANO.—¡Pero es una locura!...

(Siguen hasta la puerta.—ANTONIO RUBIO vase.)

ESCENA V

Dichos, menos ANTONIO RUBIO.—LUISA y JUANA se aventuran a entrar en la sala.—ELOISA viene después.

ROGELIO.—Un canalla... un farsante...
DOCTOR.—No es un farsante: es un desgraciado. Es un casi hombre que no sabe él mismo cuándo habla por sí y cuándo canta como un fonógrafo...
D. VICTORIANO.—Y ahora... ¿qué es lo que hacemos?...
DOCTOR.—Para mí no ha pasado nada. Solo he luchado y vencido siempre... solo me levanté aquí, y en la Cámara, y donde fué preciso... ¡Solo iré esta noche a la plaza pública a explicar mi actitud ante el pueblo!
D. VICTORIANO.—Ha sido una imprudencia llevar las cosas a este extremo. Antes de media hora dice Rubio que la Asamblea suspenderá el mitin... ¿qué haces tú?
DOCTOR.—Pero, ¿qué cosa es la *Asamblea,* Victoriano?
ROGELIO.—¡Eso!
DOCTOR.—¿Quiénes son esos señores para hablar al pueblo? ¡Raúl Moreno, ex radical, ex conservador, ex reformista y ex alcalde, que quiere volver a serlo para volver a hacer lo que hizo; Eduardo Morón, y Rafael Guzmán... y este Antonio Rubio...
D. VICTORIANO.—Y Andrés Rocamora, el hijo político del Senador Medina, y Perico Almagro, y Temístocles Medina...
DOCTOR.—¡Temístocles Díaz de Medina y Fernández de Velasco, el

pintoresco y helénico hojalatero que hace un momento...
D. VICTORIANO.—Pero todo Pueblo Nuevo es suyo...
DOCTOR.—¡Y Temístocles también *es* la Asamblea! ¡También a su opinión, a su voto, irrefutable para mí en materia de estaño, de ventilaciones y reventilaciones sanitarias, debo someter mi concepto de la patria y del gobierno político, debo someter mis ideales, mi visión del porvenir y mi acción creadora de pensador y de político!... No, Victoriano; eso no es democracia; y para demostrarlo me siento cabalmente capaz esta noche... Yo le demostraré a Temístocles cuánto respeto le debo por su honradez profesional, por su necesaria función social,—que ningún trabajo en la sociedad es más digno de respeto que otro; yo le demostraré cuánto le debe la patria por cumplir sus deberes de ciudadano, por educar a sus hijos más concienzudamente de lo que con él hicieron sus padres... pero también le demostraré que mi función no es su función, que mi deber no es el suyo, que mi acción social no puede ni debe estar supeditada a la suya, y que todo eso no es por mi bien, ni por mi satisfacción, ni por nada de nadie, sino por todos, por él también; por el honor de sus padres y el honor y la felicidad de sus hijos...

(Se lleva la mano a los ojos, como vacilante.)

JUANA.
LUISA. ¡Papá!
VICTORIANO.—¡Qué tienes! (*Rápidamente.*)
DOCTOR. (*Sonriendo.*)—No... no es nada... Un vahido, debilidad tal vez... No hay tiempo que perder, Rogelio. Necesito saber en qué tiempo pueden tirarse mil o dos mil ejemplares de un manifiesto que iré a dictar a Luisa...
LUISA.—¿Yo?...
DOCTOR.—Sí, hija mía... (*Dulce, sereno.*) Prepara tus cuartillas y tu lápiz de taquigrafía...
VICTORIANO.—Pero ahora...
DOCTOR. (*Continuando.*)—Sí... que te voy a dictar ahora mismo...
ROGELIO.—Una imprenta... Usted, don Victoriano...
VICTORIANO.—Tienes una aquí cerca, en la calle de Corrientes... otra en la calle Maceo. Podría ir...
ELOISA.—¡No! Victoriano, por Dios!... ¡Tú no vayas!...
DOCTOR.—No... Rogelio no se pierde... Tú me haces falta aquí, Victoriano.

ROGELIO.—Ya verá usted... no necesito más... (*Vase hacia el fondo.*)
VICTORIANO.—La de la calle del Río es inútil: es la del *Radical*...
DOCTOR.—Ve a la de la calle Maceo...
VICTORIANO.—Esa tal vez...
ROGELIO.—Sí... sí... comprendido. Antes de diez minutos estoy aquí... Hasta ahora... (*Vase.*)
LUISA.—¡Dios mío!, pero...

ESCENA VI

Dichos, menos ROGELIO

DOCTOR. (*Entregando los adornos de la mesa de centro a Juana y a Victoriano.*)—Toma... pon eso por ahí... Toma tú... Manda traer un bocado cualquiera... un vaso de leche, mejor...
JUANA. (*A Luisa.*)—Anda, tú, idiota, que te has quedado alelada...
LUISA. (*Echando a andar hacia el interior de la casa*)—No eres tú quién para mandarme, Juana; ya voy...
JUANA.—¡Hum! ¡Que le van a comer el novio!

(Vase LUISA para volver al poco rato.—JUANA deja los adornos de la mesa que le ha dado su padre, sobre una silla.)

DOCTOR. (*Que habla con Victoriano.*)—Sí... sí... lo que quieras...
VICTORIANO.—Ahora mismo te lo traen...
ELOISA. (*Deteniendo a su marido.*)—Victoriano... pero yo creo que en el comedor...
VICTORIANO.—Anda... ven conmigo...

(Vanse ELOISA y VICTORIANO.)

ESCENA VII

EL DOCTOR y JUANA, luego LUISA. Al final, VICTORIANO y ELOISA

JUANA. (*Vuelve hacia el centro, donde se ha quedado su padre en actitud meditativa, y silenciosamente, mimosamente, se apoya en-*

cima de él y lo mira.)
DOCTOR. (*Sonriente, volviendo de su pensamiento.*)—¡Hola!... Te divierte todo esto. ¿eh?
JUANA.—¡No papá!... Mejor estaríamos como antes... ¡Ya ves qué poco te has ocupado hoy de mí... y hacía dos días que no te veía!...
DOCTOR.—Tienes razón, chica... pero ya verás cuando salgamos, al fin, de todo esto, la que nos vamos a dar de pasear a caballo y correr por el campo...
JUANA. (*Radiante de alegría.*)—¡Sí!
DOCTOR.—¡Ya verás!...
JUANA.—Iremos a la finca otra vez... iremos hasta el batey del ingenio... Dice Eloisa que ya tienen construida la casa vivienda...
DOCTOR. (*Con profunda melancolía, pero sonriente.*)—Sobre las ruinas abrasadas de la otra... la de tu pobre abuelo... ¡Ya nada de eso es nuestro, hija mía! Ahora todo es de *ellos*. Ya no es el Ingenio *Baraguá*; ahora es «The Davidson Sugar Company»...

(Una pausa. Entra LUISA.)

JUANA.—¿Qué importa? Volverá a ser nuestro un día!
DOCTOR.—Tienes razón. ¡Fuera melancolías y desmayos!... Dame un beso, mi hija... ¡Y dame con él todo ese optimismo inconsciente que te anima!... ¡Que ojalá sea como un presentimiento del triunfo de tu Patria!...

(La besa largamente.)

LUISA.—Dicta, papá...

(Comienza a bajar el telón.)

DOCTOR. (*Consulta su reloj, hace una ligera pausa y comienza.*)— Serena, lector, tu espíritu, y escúchame. Quien te habla no aspira a convencerte de la bondad infalible de sus actos, sembrados en el Tiempo... Yo sólo estoy en posesión de una verdad: ¡que amo a la Humanidad, que amo a mi Patria!... Pero no puedo afirmarte, desde luego, qué obra, una vez realizada, será la mejor para la Humanidad y para la Patria: si la obra de mi amor o la obra del egoísmo de los otros... ¡que tal es la eterna ley de diferencia entre la voluntad humana y la que el hombre, en su primitiva rudeza, llamó *divina*, y se postró de hinojos!... Mi empeño es suplicarte, es exigirte que tú mismo conquistes la Verdad; pero deja que te preste esta primera premisa: la peor acción humana es la que no se hace...

TELON

TERCER ACTO

La misma decoración del acto anterior.—Es de noche.

ESCENA PRIMERA

DON VICTORIANO.—ELOISA.—JUANA

D. VICTORIANO. (*Tranquilizando a Juana, a quien se advierte extraordinariamente nerviosa, los ojos como de haber llorado.*)—Vamos... no seas boba, con eso no resolvemos nada...
JUANA.—Y así llevamos dos horas...
ELOISA,—Las malas noticias son las que se saben más pronto, hija.
D. VICTORIANO.—¿Ves? Hasta ella (*Por Eloisa.*) está más valiente que tú... Es cuanto quedaba que ver!...
JUANA.—No se burle Ud. de ella... La pobre lo hace para animarme a mí...
ELOISA.—No, hija, no... no lo creas. Yo no soy valiente ni soy nada... Me estoy muriendo de miedo... pero eso es otra cosa... Si les hubiera ocurrido a tu padre y a Luisa algo malo... ya lo habríamos sabido. No te desesperes, que es peor para todos...
D. VICTORIANO.—Ahí estás en lo cierto... Hasta a mí me tienen ya ustedes con los nervios de punta...
ELOISA.—¡Jesús, Victoriano!
VICTORIANO.—¡Si no lo digo por mal, Eloisa!... No me entiendes...
JUANA.—Yo le entiendo de sobra...
VICTORIANO.—A ver... (*Dulcificándose.*)
JUANA.—Que está Ud. tan seguro como yo...
VICTORIANO.—Seguro de que...
JUANA.—De que no pasa nada...

VICTORIANO.—Y que puede haber pasado...
ELOISA.—¡Déjala, Victoriano! En vez de tranquilizar, lo que haces es darle un dolor de cabeza a cualquiera...
VICTORIANO.—¿Ahora nos vamos a poner a pelear, Eloisa?
ELOISA.—¡Ya! Di ahora que yo soy quien peleo... que tú eres la víctima, la pobrecita víctima, y yo la mujer malvada que no te dejo vivir... ¡uf!
JUANA.—No, Eloisa... no... no vuelva otra vez a lo mismo... no le haga caso.. El no dice nada con mala intención...
VICTORIANO.—¡Niña! Para ella, no me seco el sudor, ni estornudo, ni me amarro los zapatos, que no lo haga con segunda... ¡yo soy el marido criminal, el viejo rumbero!...
JUANA.—Bueno: los dos se equivocan... ahora resulto yo tranquilizándoles a ustedes en vez de tranquilizarme ustedes a mí...
ELOISA. ¡Si me vuelve loca, hija!
(*A un tiempo.*)
VICTORIANO. ¡Si ésta vuelve loco a cualquiera!...
JUANA.—Ya está... Ninguno de los dos tiene razón... (*Victoriano.*) ¡Y usted menos que ella!...
VICTORIANO.—Eso... eso... ponte de su parte. (*Va hacia el fondo.*)
JUANA.—¡Pero papá... no saber de papá!...
VICTORIANO. (*Desde la ventana del fondo, cuya contrapuerta ha entreabierto.*)—La plaza está llena de gente...
ELOISA.—¡Jesús, Victoriano!... ¿pero qué haces?

(El vocerío se oye un poco más claro.)

VICTORIANO.—Aquí adentro se ahoga uno, hija... Vamos a abrir aunque sea la contrapuerta... Este encerramiento es ridículo... Nada puede pasar...
ELOISA.—Ahí está... Ganas de tenerme a mí con el corazón en la boca... ¡Me voy de la sala si abres las ventanas, vaya!...
VICTORIANO.—¡Pero mujer, si no me ocupo de ti!... ¡Es que me ahogo en esta sala toda cerrada!...
ELOISA.—Ven conmigo a mi cuarto, Juana...
JUANA.—No se vaya, Eloisa...
ELOISA.—Es una imprudencia, Juana...
VICTORIANO.—¡Pero!... Cállense un momento...

(Se oyen unas veces confusas en el exterior.)

JUANA. (*Va hacia la ventana.*)—¿Qué es?

ELOISA.—¡Juana!
VICTORIANO.—¡Pero!... (*Después de una pausa.*) Dos tipos que se encontraron aquí, casi frente a esa ventana... Uno de ellos le dijo al otro que el mitin había sido suspendido... después no pude entender lo que decían...
JUANA.—¡Dios mío! Y qué va a hacer papá si eso se ha suspendido?...
VICTORIANO.—En mala hora se metió tu padre en la política! Cuando no hacía más que escribir libros, decía lo mismo... ¡y todos se lo aplaudían! Ahora... ya lo ves...
JUANA. (*Sobresaltada.*)—¡Me parece que oigo gritos!

(Se oyen voces lejanas.)

VICTORIANO.—¿No has estado oyéndolos toda la tarde?
ELOISA.—¡Dios mío!
JUANA.—Oiga... oiga Ud.

(Se escuchan un poco más claramento algunos gritos.)

VICTORIANO.—A ver si son ellos...

(Se dirige a la puerta.)

ELOISA.—¡No abras la puerta, Victoriano!
VICTORIANO.—Es en la plaza...

(Abre la puerta.—Crecen las voces y se oyen junto a la casa.)

LAS VOCES.—¡Viva el Partido Democrático! ¡Abajo los traidores!...
ELOISA.—¡Virgen Santísima!... (*Va hacia adentro, sin salir.*)
UNA VOZ.—¡Muera Gómez Viso!...

(Otras voces, que decrecen al cerrarse la puerta y van extinguiéndose poco a poco mientras habla a gritos DON VICTORIANO.)

VICTORIANO.—¡Que viva mil años, miserables!... (*Cierra la puerta.*)
JUANA. (*Paralizada por el miedo.*)—Papá... no está...
VICTORIANO.—Muera Gómez Viso... ¡miserables!... ¡Y son ellos, el pueblo mismo, los que eso gritan contra Enrique!... No... no

es posible seguir cruzado de brazos ante esta infamia, no! ¡Son ellos mismos los que le dan toda la razón al romántico!... romántico porque es persona decente!... ¡Eso!...
JUANA.—Pero no viene papá, Victoriano...
VICTORIANO.—!Nunca creí oir ese grito contra Enrique! ¡Nunca!... (*Se deja caer en un sillón.*)
JUANA.—¡Dios mío!
ELOISA.—¡Protégenos, Virgen Santísima!...
JUANA. (*Yendo donde está Victoriano, toda temblorosa, casi sollozante.*)—Victoriano... ¿Dónde está mi padre?...
VICTORIANO.—¡No, Juana, por Dios: no te pongas así!...
JUANA.—Victoriano...
VICTORIANO.—No puede pasar nada: esto no tiene que ver con tu padre... (*Por Eloisa.*) ¡Tú tienes la culpa, con tus exclamaciones y tus rezos!...
ELOISA.—¡Yo!.

(Llaman a la puerta violentamente.)

JUANA.—¡Dios mío!
ELOISA. (*A Victoriano.*)—¡No abras!... ¡Victoriano, por la Virgen Santísima!...

ESCENA II

Dichos.—ROGELIO

VICTORIANO.—Es Rogelio...
ROGELIO. (*Entrando violentamente.*)—¡No están!
VICTORIANO.—¿Dónde está Enrique?
JUANA.—¡Rogelio: mi padre!
ROGELIO.—No sé, no sé, yo no estoy con ellos... Los dejé en la imprenta San José o San Francisco, no sé... Salí a buscar noticias: el mitin se da esta noche, o hay que matarme...
VICTORIANO.—¿Pero dónde está Enrique?...
ROGELIO. (*Por Juana.*)—No tengas miedo, Juana, por Dios; a tu padre no puede pasarle nada: ya verás... Los de la Asamblea han lanzado una hoja suelta, ¡nos han ganado la delantera! Ellos no hacen filosofía, pero le llaman a Gómez Viso tirano y vendido a los *yankees*: ¡le dicen horrores!...
VICTORIANO.—¡Canallas!...

ROGELIO.—Y se da por seguro que el senador Medina acepta la jefatura del partido para seguir la farsa...
VICTORIANO.—¡Y él, todavía soñando!...
ROGELIO.—Yo necesito ver al Doctor, pero no importa... ¡No llores, Juana, por Dios! Esta noche se da el mitin... ¡Ya verá Ud., don Victoriano, si tengo o no razón!... Hasta luego... Hasta ahora, Juana... (*Va a ella.*) No llores, no seas boba... ¡A tu padre no puede pasarle nada!...
JUANA.—Dile que venga... ¡dile que venga o yo voy a buscarle!...
VICTORIANO.—¡Juana!...
ROGELIO.—Bueno... se lo diré... ¡Hasta ahora!... ¡Hasta ahora!...
VICTORIANO. (*A Juana.*)—Ya lo oyes... tú verás cómo antes de diez minutos están aquí!...

ESCENA III

Dichos, menos ROGELIO

ELOISA. (*Por la puerta, que Rogelio deja abierta.*)—¡Victoriano!...
VICTORIANO.—¿Qué? (*Va a cerrar.*)
ELOISA.—¡Es el colmo, tomar así una casa ajena!...
VICTORIANO.—¡Calla, Eloisa, por favor! Te vas a tu cuarto o nos dejas tranquilos... ¡Mira, ahí enfrente; dos policías... (*Desde fuera, medio cuerpo.*) No hay un alma en la calle... (*Entra.*) ¡Hasta vigilados por la Policía estamos!...
ELOISA.—¡Y eso te tranquiliza a ti?
JUANA.—Victoriano, pero...
VICTORIANO.—Ha debido tomarse esa precaución y está muy bien hecho... ¡También nos vamos a alarmar ahora de estar defendidos por la fuerza pública?...

ESCENA IV

Dichos.—MICAELA, que entra por la izquierda, su cesto «de la plaza» colgado al brazo y el chal o mantón, que compone la «toilette» de calle, típica en las mujeres del pueblo.

MICAELA. (*Junto a Eloisa.*)—*Hata* mañana, niña Loisa...
ELOISA. (*Como advirtiendo que ha olvidado algo.*)—Espérate, no he sacado el dinero... Si de esto no me vuelvo loca, no me vuelvo

nunca... (*Vase.*)
MICAELA.—La niña *Loisa* se *asora* de *ná!* Hasta se le ha *olvidao* el dinero de la *plasa*...
JUANA.—¡Voy con Micaela!...
VICTORIANO.—¡Menos!
JUANA.—Micaela me lleva...
VICTORIANO.—No seas loca, Juana, porque no te dejaré salir de aquí...
MICAELA.—¿Dónde tú *quié dir*?
JUANA.—¡A buscar a papá!...
VICTORIANO.—Tú no sales de aquí aunque me cueste regañarte...
MICAELA.—Yo *taba agüeitando* por la ventana del *útimo cuato* y vi *pasá* el *caayero* Rogelio... El *caayero* Enrique *tá* en la *equina* de la *caye Reá*...
JUANA.—Ya ve Ud., Victoriano...
VICTORIANO.—Ya ves tú que no tienes por qué salir...
ELOISA. (*Volviendo y entregando algunos monedas de plata a Micaela.*)—Toma... Y cambia de carnicero mañana, Micaela; la carne no se ha podido comer hoy...
MICAELA.—*Tó son uno ladrone,* niña *Loisa;* no dan *má* que *pitrafa*...
ELOISA.—Hasta mañana...
MICAELA.—*Hata* mañana... *Adió*, Juana, no sea boba, no va a *pasá ná*... *Hata* mañana *caayero Vitoriano*...
JUANA.—No, Victoriano... esto es martirizarme por gusto...
VICTORIANO.—Hasta mañana, Micaela. (*A Juana.*) Peléame, yo no puedo hacer nada...

(Vase MICAELA.)

ELOISA.—No se te podía ocurrir cosa más imposible, Juana; parece mentira que lo digas en serio...
VICTORIANO.—Ni aunque dependiese de mí, no: de ninguna manera te dejaba...
JUANA.—¿Y por qué Luisa puede ir y volver, y estar metida en todo, y yo no? ¿No hay el mismo peligro para una que para otra?
VICTORIANO.—Ella va con Enrique, y va a lo necesario...

(Oyense repetidos y violentos aldabonazos en la puerta.)

ELOISA.—¡Dios mío!

JUANA.—¡Serán ellos! (*Va a abrir.*)
VICTORIANO.— ¡Espérate!...

(Vuelve MICAELA.—Se la oye primero desde fuera, sofocada, impaciente por acabar de informar.)

MICAELA.—¡Ahí vienen! ¡Ahí viene el *caayero* Enrique, Juana! ¡*Caayero Vitoriano*!...

(JUANA abre y desaparece hacia la calle.)

VICTORIANO.—¡Juana!
ELOISA.—¡Lo sabía!... (*Al ver que va a quedarse sola.*)—¡No! Victoriano, tú no te vas... Entra... ¡Cierra!... ¡Victoriano!...

ESCENA V

Dichos, EL DOCTOR, LUISA y unos agentes de polícia con UN TENIENTE.—Con ellos entran JUANA, que atiende a LUISA, y MICAELA, que se queda al fondo.—LUISA viene sin sombrero, el rostro descompuesto, el aire de un decaimiento nervioso profundisimo; entra y va a sentarse en el sofá.

DOCTOR. (*Al Teniente*)—Gracias, mi buen amigo. Le debo a usted la vida... y tal vez la de mi hija también...
TENIENTE.—No he hecho más que cumplir con un doble deber. Doctor, el de funcionario y el de admirador convencido de usted...
DOCTOR.—Gracias. (*Se estrechan las manos.*) (*El doctor se dirige a los vigilantes.*) Y a ustedes también mi agradecimiento... ¡Hasta pronto!... (*Les estrecha la mano.*)
TENIENTE.—Buenas noches... (*Vanse.*)

ESCENA VI

EL DOCTOR, que se deja caer en un sillón, sin decir una palabra.—VICTORIANO, LUISA, JUANA y ELOISA.

LUISA.—Sí... ya se me pasó todo... No fué más que el susto... Tampoco se hubieran atrevido...
VICTORIANO.—¡Cobardes!... ¡También me faltaba esto que ver!...

JUANA. (*A Luisa.*)—¿Te sientes mal?

(Pausa.)

DOCTOR. (*Como hablando consigo, después de una larga pausa.*)—Otra vez vencido... ¡y solo!...
VICTORIANO.—Tienes a tus hijas. Enrique, tus hijas que te empeñas en olvidar... tus hijas que expones a todos los peligros con una imprudencia inconcebible, una imprudencia que no te perdonarías nunca, Enrique, si te ocurriese una desgracia... donarías nunca, Enrique, si te ocurriese una desgracia...

(EL DOCTOR ha ocultado un momento la cabeza entre las manos.—Al cabo se yergue y se acerca a sus hijas.)

DOCTOR.—¡No! Eso no es verdad... no... Yo te juro...
LUISA. (*Levantándose y yendo a su encuentro.*)—¡No, papá!...
JUANA.—¡Papá!... (*Se interpone, abrazándose a él.*)
DOCTOR.—Perdóname, hija... (*Por Luisa.*) perdónenme ambas...
LUISA.—No, papá... ¡no! Yo voy cien veces más donde tú me necesites... Yo sé que tú no nos olvidas, que tú nos quieres con toda tu alma... No tengo nada que perdonarte... (*Las estrecha contra sí y las besa.*)
DOCTOR.—He cometido una imprudencia, y no es ahora cuando me doy cuenta... ¡por eso me duele más lo que he hecho!... Pero yo no las olvido, Victoriano, yo no las sacrifico a una ambición inútil... Las llevo adonde voy, porque me acostumbré a tenerlas siempre así, una a cada lado, a tenerlas como una prolongación de mí mismo... ¡y yo no tengo nada mío!
VICTORIANO.—Es que ellas no son las pertenecidas, sino tú, tú el que se debe a ellas... tú que eres su padre, su único sostén en este mundo...
DOCTOR.—Sí... tienes razón!...
LUISA.—Bueno, Victoriano, pero no es tiempo de recriminarlo este momento... Ya pasó todo... Hablemos de otra cosa...
VICTORIANO.—No tienes el derecho de exponerte a un sacrificio inútil... Inútil, sí, te lo repito, porque ya ves como nadie entiende ni agradece tu heroísmo...
DOCTOR.—¡Quién sabe!
VICTORIANO.—¡No!... Me parece mentira que aun tengas un átomo de fe en este pueblo ingrato, en este pueblo estúpido y cobarde que te vuelve la espalda y te cubre de desprecio, y de

ridículo, para seguir a los que lo explotan y lo engañan... (*Una pausa.*)
DOCTOR.—Y sin embargo, Victoriano, tú no pensabas ni piensas siempre así... Tú me empujabas a una transacción hace un momento... ¡tú no serías capaz de repetir esas palabras en voz alta!...
VICTORIANO.—Yo no aspiro al martirio... y menos sin provecho ni gloria para nadie.
DOCTOR.—No lo decía por eso. Te lo he dicho para recordarte tus vacilaciones frente a mi campaña y mis teorías. A ti te parece empeño loco el de sustentar las que tú llamas ideas antidemocráticas... ¡y acusas al pueblo, a cuya despótica tiranía te sometes, de ingrato, estúpido, y cobarde!... ¡Ah! ¡No eres el único!... Son muchos los que como tú me atacan y fingen defender los «sagrados derechos del pueblo soberano»... y no tienen más que desprecio y miedo por esas multitudes que defienden!
VICTORIANO.—No me toca nada de eso, porque me parece que contigo...
DOCTOR.—Tú me sigues porque me quieres; ya lo sé: eso es otra cosa. Pero de todas maneras, tú y los otros, todos se equivocan... El pueblo no es ingrato, ni cobarde, ni estúpido. Te lo digo yo... ¡y en este momento! Los que se consideran victoriosos porque me han puesto una mordaza con sus gritos, ésos sí lo son, pero sobre todo estúpidos... ¡Ya verás lo que dura su victoria!
VICTORIANO.—No, Enrique... Quiero hablarte en este momento con toda la autoridad que debe darme nuestra vieja amistad de colegio... ¡Tú no puedes seguir en este empeño inútil!... ¡No, Enrique! Sigue en el libro y en la prensa, no abandones tu torre; pero no vuelvas a descender a la política de partido, porque te expones tú y contigo a tus hijas, quién sabe a qué terribles consecuencias....
DOCTOR.—Yo no debo cejar...
VICTORIANO.—Tú no conoces ni conocerás esto nunca... Sea el pueblo o sean sus directores, esto de la política y del mitin no es para ti... En esto los hombres como tú se pierden; aquí los hombres como tú se hunden, Enrique... Créemelo... ¡Yo conozco esto mejor que tú!...
DOCTOR.—No sé qué quieres decirme con eso...
VICTORIANO.—Que vuelvas a tu hogar y a tus estudios. Enrique, que vuelvas a tu verdadero puesto de pensador y de maestro...

(*Por las muchachas.*) Vayan ustedes... pídanle por su cariño, que yo sé que es bien grande, que renuncie esta vez al menos a todo intento de seguir este empeño...
JUANA. (*Que va decididamente la primera, mientras Luisa marcha despacio.*)—¡Papá!... ¡Sí!... ¡No vuelvas a salir esta noche!... ¡No vuelvas a esas cosas!... ¡Papá!
DOCTOR. (*La besa, sonriente, pero emocionado, y se dirige a Luisa, que se ha quedado frente a él.*)—¿Tú también?...
LUISA. (*Despacio.*)—Sí, papá... Victoriano tiene razón...
VICTORIANO.—Vamos a ver qué te dice ahora tu conciencia que debes hacer...

(Un silencio.—EL DOCTOR se deshace de JUANA, se pasea y se queda un momento inmóvil.—Se oye un murmullo lejano.)

DOCTOR.—¿Qué hora es? (*Saca su reloj.*)
VICTORIANO.—Las nueve y media...
DOCTOR.—Bueno. Es demasiado temprano para que nos acostemos. Sentémonos... y a ver si podemos hacernos la ilusión de que aquí no ha pasado nada... (*A Eloisa.*) Vamos a ver, Eloisa... ¿qué dice a todo esto? Me parece que usted...
ELOISA.—Yo estoy como loca, hijo, ¡como loca! ¡Sabe Dios cómo acabará todo esto!...
DOCTOR. (*Riendo.*)—Pues, ¿cómo va a acabar, Eloisa? Tranquilamente... ¡como todas nuestras noches!... Ahora nos ponemos a charlar plácidamente... y después, cada mochuelo a su olivo...
LUISA. (*Como consigo.*)—¡Dios mío!... ¿Y Rogelio?...

(Se oye más cerca el murmullo, se distinguen las notas musicales de una charanga.)

JUANA.—Yo oigo unos gritos...

(Un silencio.—Las voces y la música se escuchan ya.)

DOCTOR.—Sí... Es extraño...
VICTORIANO.—No sé qué pueda ser...
LUISA. (*Que se pasea, y va al fondo, inquieta, nerviosa.*)—¡Dios mío!... ¿Dónde estará Rogelio?...
JUANA.—Probablemente buscándolos a ustedes...
VICTORIANO.—Y ahora que me acuerdo... Tu ilustre amigo el Senador Medina, ya ha aceptado la jefatura que aparece renunciada por ti...
DOCTOR.—¡Medina! ¿Quién lo dijo?

VICTORIANO.—Rogelio. Aquí estuvo diez minutos antes de llegar ustedes...
DOCTOR.—No es posible... ¡no es posible!...
VICTORIANO.—Así lo dijo Rogelio; no sé.—Pero no me parece ni raro ni difícil... Entre él y la Asamblea hace tiempo que se estrechan relaciones... para que lo sepas, si no lo sabías...
DOCTOR.—¡Qué abismo!
VICTORIANO.—Pero... ¿qué puede ser eso?...

(Va hacia la puerta y sale.)

ELOISA.—¡María Santísima! ¡Otra vez el abre y cierra de la puerta!
JUANA.—Ahora se oyen más cerca...
LUISA. (*A su padre.*)—Papá... no salgas tú...
ELOISA. (*Por Juana, que sale también.*)—¡Niña! ¡Dios mío!... ¡Qué imprudencia, qué empeño de exponerse al peligro!
LUISA.—Un momento, Eloisa... ¡Juana! ¿Qué dijo ese hombre?
JUANA. (*Entrando, muy contenta.*)—Dice que ahí viene la manifestación... y que el pasar por la calle Agramonte, salió un grito de ¡mueran los traidores! y que la gente apedreó el Círculo Democrático...
ELOISA.—¡María Santísima!...
LUISA.—¡Pero no sabe nada de Rogelio!...
JUANA.—¡Y que viene todo el pueblo... y que vienen en desagravio, en eso... ¡yo no sé! ¡Oye!... ¡Oye! (*Sale Luisa*) ¡Ahí vienen!
ELOISA.—¡Juana, por Dios!
JUANA. (*Yendo hacia ella.*)—¡Viva el doctor Gómez Viso! ¡Vivan los hombres honrados! ¡Vivaaa!... ¡Embúllese, Eloisa, ahí viene la gente... ahí está la manifestación!...
ELOISA. (*Yéndose.*)—Esas cosas se hacen en su propia casa de uno y no en la de nadie... Hagan lo que les dé la gana; que roben, que maten y que quemen la casa... (*Vase.*)
JUANA.—Oiga, Eloisa, perdóneme, no se vaya... (*Se queda sola.*) Bueno... Pues ahora se mete en el cuarto del baño... Y es el caso, que yo también tengo miedo...

(Los gritos y la música se oyen más cerca.)

ESCENA VII

Dichos, menos ELOISA

VICTORIANO. (*Que entra precedido de Luisa y seguido del Doctor.*)—Sí, pero mejor es que los esperemos aquí dentro...
DOCTOR.—Pero no sé, no sé... no entiendo de dónde haya podido partir la reacción...
LUISA.—Es Rogelio, papá, te lo repito...
VICTORIANO.—El se mostraba convencido de lograrlo... «esta noche se da el mitin o hay que matarme», me dijo aquí...
LUISA.—Yo lo conozco, es capaz de dejarse matar por ti, de improvisar un discurso que arrastre a la gente... ¡Yo tengo la seguridad de que él viene ahí el primero!...
DOCTOR. (*Como continuando el pensamiento.*)—Sí, ese mismo será el tema: ¡el pueblo no es ingrato, ni cobarde, ni estúpido!... Ingrato es el que olvida que todo se lo debe, y lo arruina y lo engaña; cobarde el que le adula porque le tiene miedo: estúpido el que cree que únicamente así lo domestica; porque hay una manera eterna e infalible de dirigir las multitudes hacia sus verdaderos fines, y es el de comprenderlas y amarlas! ¡Esta noche me juego mi última carta. Victoriano!... Si la pierdo, me meteré en una casa de locos a acabar mi vida, porque únicamente la locura explicaría un tan grande anhelo de redención y amor como este mío, sin floración y sin fruto entre los hombres!...
(Se abrazan.—Fuera se oye una voz que junto a las ventanas estalla con un sonoro «Viva Gómez Viso!» y sigue en un eco múltiple de voces.)

LUISA.—¡Míralo!
JUANA.—¿Dónde?
LUISA.—¡Míralo!... ¡Ahora se apea!... ¡Rogelio!
(Van al fondo.—Vivas, gritos.—La gente con banderas, carteles y música, invade la casa.—ROGELIO entra y saluda en el fondo al DOCTOR con un abrazo.)

ESCENA VIII

Dichos.—ROGELIO.—La multitud
(Se abren las ventanas y vese la calle llena de gente)

ROGELIO. (*Acercándose a primer término y hablando a gritos al Doctor, Victoriano y las muchachas.*)—¡Aquí tienes a tu pueblo! ¡La victoria es de la verdad y la justicia! (*Dirigiéndose a la multitud, que cierra un momento el murmullo.*) ¡Viva Enrique Gómez Viso!
LA MULTITUD.—Vivaaa!
ROGELIO.—¡Viva nuestro Jefe indiscutible!
LA MULTITUD.—¡Vivaaa!...
(Sigue el murmullo.)

UNA VOZ.—¡Que hable Gómez Viso!
(ROGELIO hace señas para que aguarden.)

ROGELIO. (*Al Doctor.*)—En la plazoleta del Círculo Democático se organiza en estos momentos una contramanifestación. Se asegura que se recibieron órdenes de la Secretaría de Gobernación, de suspender el mitin... Hay que darlo en seguida. Usted tiene que hablar al pueblo... ¡No hay un minuto que perder!...
DOCTOR.—¡Vamos allá!
VICTORIANO. (*Al que se abrazan las dos jóvenes.*)—Acuérdate, Enrique, que dejas aquí dos hijas!...
(EL DOCTOR vacila.—Va a besar a LUISA, después a JUANA, y vase seguido de ROGELIO.)

JUANA.—¡Papá!
LUISA.—¡Rogelio!
(Salen.—La gente arremolina al fondo.—Aumentan los vivas.—La charanga toca un himno.)
(Hay un momento de confusión.—De pronto la charanga deja de tocar y se hace el silencio.)

VICTORIANO. (*En primer término, entre las dos jóvenes.*)—Ya empezó a hablar...
LUISA.—¿Usted lo oye?...
JUANA.—No... no se oye bien.

VICTORIANO.—Cállense...
(Prestan atención.)

LA VOZ DEL DOCTOR.—...porque hasta aquí no me elevó la intriga, ni me trajo la ambición de poder! Yo consulté mi corazón y hablé, y mi voz salió de mi corazón para ir a sacudir el vuestro en un latido unísono...
(La voz se pierde.)

JUANA.—No se oye...
VICTORIANO.—Cállense, cállense...
(Escuchan.)

LA VOZ DEL DOCTOR.—... y os hablo con rudeza, con lealtad, y os regaño y hasta os flagelo sin miedo a vuestro enojo, porque yo no tengo otro ideal que vuestro bien y vuestra felicidad, no tengo otra ambición tan grande como la de vuestro reconocimiento y vuestra adoración cayendo hoy sobre mí y mañana sobre mi recuerdo como un bálsamo, como un nimbo, como una aureola de bendición y de amor!
(Aplausos y vivas.—De pronto se percibe como un tumulto, y la gente corre...)

VICTORIANO.
LUISA.— ¿Qué es? ¿Qué pasa?... La gente corre!...
JUANA.
(Se oye una detonación y después dos o tres más seguidas.—Confusión general.)

VOCES.—¡Ha sido a él! Lo han herido!
JUANA.
LUISA. ¡Papá!
(VICTORIANO desaparece y tras él LUISA y JUANA.—Al cabo de pocos momentos, la gente afluye nuevamente a la casa, y aparece EL DOCTOR GOMEZ VISO, traído casi en vilo entre ROGELIO y el TENIENTE.—Tras ellos vienen LUISA y JUANA, que ayudan a colocar a su padre en el sofá.—Dos policías separan algo a la gente del grupo, aunque no evitan que en él queden algunos.)

JUANA.—¡Papá! ¡Papá!...
VICTORIANO.—Que avisen también al doctor Mantilla... aquí enfrente de la iglesia...
JUANA. (*Desgarradoramente*)—¡Papá!...
ROGELIO.—¡Juana! ¡Vete! Luisa... ¡Llévatela!

LUISA. (*Inmóvil.*)—No...
DOCTOR. (*Abrazando a su hija.*)—¡Hija mía!
LUISA.—¡Papá!...
DOCTOR.—¡Mi hija! ¡Mis hijas! No... no... es inútil... Esto es la... es la... ¡no! Es inútil, es inútil...
(Se escucha el principio de un himmo.)
ROGELIO.—¡Que se calle esa música!...
TENIENTE.—Lo he ordenado yo, señor Báez, para calmar a la gente... He mandado detener la contramanifestación en el puente... Es necesario calmar a la gente...
ROGELIO.—¡No!...
DOCTOR.—No... ése no... ése no... ¡Quiero escuchar el otro!... ¡nuestro grito de guerra!... ¡nuestro grito de triunfo!...
TENIENTE.—Si... será mejor... (*Vase.*)
DOCTOR.—¡Y mira cómo se realiza mi deseo, Victoriano, mi deseo de muchacho, de morir escuchando nuestro himno!...
LUISA.¡Papá!... (*Cesa la música.*)
DOCTOR. (*Extraviado, delirante.*)—Yo sólo estoy en posesión de una verdad... ¡que amo a la Humanidad, que amo a mi Patria!... Pero también sé que no puedo afirmar desde luego, qué obra será la mejor para la Humanidad... si este amor... que... que ya no será más...
(La charanga rompe a cocar el Himno Nacional. EL DOCTOR GOMEZ VISO calla y escucha atentamente, denotando que el resto de sus fuerzas le abandonan.)

LUISA.—¡Papá!

(EL DOCTOR GOMEZ VISO cae muerto.)

TELON

EL TRAIDOR

ESTUDIO PRELIMINAR

Las obras de Ramos más difundidas son las de denuncia, quizás porque, por serlo, llevan un mensaje que el público siente suyo, pero se han olvidado otras que merecen ser estudiadas con atención puesto que en ellas se puede descubrir la gran fibra creativa y el hábil manejo de la técnica teatral de este gran dramaturgo cubano. Tenemos así el caso de la pieza en un acto titulada *El traidor* en la que José Antonio Ramos recrea para la escena una leyenda martiana que se hace eco de una realidad confrontada en la época de las guerras emancipadoras de Cuba.

Durante los treinta largos años de lucha mambisa que sostuvo Cuba para lograr su independencia de la metrópli, no es extraño que se haya repetido dentro de la intimidad de muchos hogares, el terrible dilema entre el llamado de la patria y el rompimiento de nexos familiares. Políticamente, España y Cuba debían de separarse; espiritualmente, había cuatro siglos de tradición que las unían. Además, distintos factores coadyuvaban a estrechar los vínculos entre cubanos y españoles: la casi total eliminación del factor indígena en nuestra composición étnica, la privilegiada posición geográfica de Cuba que la hizo desde un principio la puerta de entrada al imperio colonial y el hecho de que Cuba quedara como el último reducto de aquél y fuera por lo tanto también la puerta de salida hacia la metrópoli derrotada en el continente. Era, sin embargo, un desgarramiento necesario que tanto cubanos como españoles supieron padecer dignamente. Pero también hubo, desdichadamente, el caso del cubano que no supo discernir correctamente el bando que le correspondía y peleó contra los suyos bajo la insignia roja y gualda.

Martí, que era sensible a estas cosas del alma, se percató de esta situación y en uno de sus Versos Sencillos presenta la santa indignación de un padre que cumplió con la patria como era debido y sanciona y ejecuta por mano propia la muerte de su hijo desleal para que no lleve una vida indigna en las filas del enemigo. Así, dice Martí:

> Por la tumba del cortijo
> donde está el padre enterrado,
> pasa el hijo, de soldado
> del invasor; pasa el hijo...
>
> El padre, un bravo en la guerra,
> envuelto en su pabellón,
> álzase, y de un bofetón
> lo tiende muerto por tierra.
>
> El rayo reluce, zumba
> el viento por el cortijo...
> El padre recoge al hijo.
> y se lo lleva a la tumba.[1]

Ramos percibió la gran intensidad dramática que contiene el poema y lo transformó en una pieza teatral en un acto y siete escenas en la que, a pesar de la brevedad, logra captar magistralmente el impacto emocional de la leyenda.

En esta obra no hay afán reformador sino retrospección romántica a la época de las luchas mambisas. Calló el predicador y el artista se mostró en su magnitud. La escribe en la plenitud de su labor creativa, cuando ya domina los recursos de la técnica. Siempre atento a las innovaciones del momento, se asoma a una forma de teatro que, aunque no es nueva, coge impulso a principios del presente siglo tras los esfuerzos renovadores de Augusto Strindberg que fue un entusiasta decidido de las piezas en un acto pues, según explica en el prólogo a su obra *La señorita Julia*[2], la capacidad de ilusión del espectador es perturbada por los intervalos que le dan oportunidad de escapar de la influencia hipnótica que el autor hubiere conseguido. Esta modalidad teatral cobra aceptación y es usada por Chejov al principio de su carrera, por el austriaco Arturo Schnitzler en su *Anatol*, por Lady Gregory en sus comedias campesinas, por John Millington Synge en *Jinetes hacia el mar* que está considerada como la mejor obra en un solo acto escrita en el idioma inglés y por muchos otros que se debatían entre las tendencias del realismo, el naturalismo y el idealismo. Estas piezas cortas se prestaban maravillosamente para los distintos experimentos escénicos en los que la imaginación y los juegos del subconsciente toman parte y por eso fue también profusamente usada por los simbolistas y por otros, como el propio Strindberg que escribió varias obras en las que mezcla el mundo real y el onírico con lo cual cualquier cosa, por absurda que parezca, puede ser posible para el dramaturgo.

José Antonio Ramos —que ya muy joven había estado en Europa y que podía acudir a las fuentes directas de la cultura del viejo continente por sus conocimientos del francés, el inglés y el portugués, además de su lengua materna— estaba muy al tanto de las distintas rutas que seguía la dramaturgia de su época y de los experimentos e intentos de reforma que se realizaban, como ya se ha señalado en el estudio inicial de este libro, y en *El traidor* recoge algunas de las novedades introducidas en el género junto a otros elementos clásicos por los cuales él demuestra tener predilección. Así tenemos, por ejemplo, que hace uso del monólogo, lo cual era rechazado completamente por los realistas —a los cuales él se había afiliado— que consideraban que no responde a una situación comunmente presentada en la vida real y también intercala recursos aún más lejanos a esa escuela como es la aparición espectral del Capitán en la escena final.

Hay que reconocer como un acierto innegable de Ramos el haber apreciado la efectividad de la pieza de un acto para recoger la leyenda martiana. Evidentemente, las características que este tipo de teatro presentaba en sus inicios, se avenía perfectamente a sus propósitos. Según las sumariza Rine Leal en el estudio preliminar a su antología de teatro cubano en un acto, «se trataba de una acción muy limitada, un 'lever de rideau', sin saltos en el tiempo, un solo escenario, una gran concentración dramática, nada de detalles innecesarios, nada de acciones subsidiarias, es decir, la unidad total de espacio, tiempo y acción»[3]. Eso es precisamente lo que Ramos necesitaba para poder dramatizar el poema sin que factores extraños al mismo se interpusieran puesto que la anécdota en sí es muy corta. Todo reside en la emoción patriótica del viejo mambí que Martí configura con trazos muy breves pero certeros.

Para poder apreciar mejor este acierto, será conveniente retornar a los versos de Martí para analizar los elementos teatrales que el mismo contiene. En primer lugar, tiene un argumento que va a sustentar el tema de la dignidad mambisa a través de dos personajes identificados solamente por su opuesta posición ideológica en la manigua: el hijo es un soldado del invasor; el padre, un bravo mambí. La fortaleza de carácter del padre la da Martí en la segunda estrofa con pocas palabras..sólo unas pinceladas...Primero lo identifica: «...envuelto en su pabellón,/ álzase y de un bofetón / lo tiende muerto por tierra». El sólo uso del verbo «alzarse» ya da la magnitud del momento que subraya la furia de la naturaleza desatada. Luego, hay ternura: «recoge al hijo,/ y se lo lleva a la tumba». Hay un cambio súbito de emoción que tiene por objeto el subrayar el triunfo del amor paternal cuando la muerte ha lavado la vergüenza de la conducta indigna.

Por otra parte, a pesar de que el poema se compone de sólo tres estrofas, hay una acción dramática que se indica con el uso de tres verbos claves: «pasa» — «álzase» — «recoge». La acción se pone en movimiento con el paso del hijo: «...pasa el hijo, de soldado/ del invasor; pasa el hijo...»; el climax se produce con la iracunda actitud del padre: «...álzase y de un bofetón/ lo tiende muerto por tierra» y el final tierno rompe todo vestigio del odio que pudo alentar tan drástica acción y coloca en un primer plano el amor del padre que «...recoge al hijo,/ y se lo lleva a la tumba». La acción, breve y concisa, se desarrolla en un solo escenario, el cortijo, en donde yace la tumba del padre. Pudiera interpretarse el primer verso que especifica tal circunstancia, («Por la tumba del cortijo/donde está el padre enterrado,...») como una dirección escénica, lo mismo que los dos versos iniciales de la tercera estrofa que acentúan la tensión del instante: «El rayo reluce, zumba / el viento por el cortijo...» La repetición de la palabra cortijo ayuda a acentuar la brevedad del momento puesto que subraya que la acción ocurre en aquel sitio que se indicó tan sólo como lugar de tránsito. Es decir, que el tiempo de la acción dramática queda precisado claramente: es sólo un instante, lo que puede durar el fulgor de un relámpago. El paso del traidor provoca la ira del viejo mambí que ha padecido día a día la vergüenza de su estirpe, y la naturaleza se identifica con él en el castigo terrible.

Tiene por tanto este poema de Martí una perfecta unidad escénica. Nada es irrelevante. Por el contrario, todo es necesario y está dirigido a obtener un fin determinado dentro del propósito buscado. Martí el poeta, ha logrado darle además a su poema extraordinaria fuerza dramática y maravillosa plasticidad heroica. Ramos el dramaturgo, ha recreado la situación planteada por Martí pero ha sabido mantener esas cualidades tan esenciales del poema, con lo cual dota a esta pieza teatral de innegables valores literarios.

La crítica en general, no ha puesto mucha atención a esta particular obra de Ramos, aunque nunca dejan de mencionarla al hacer recuento de su producción dramática, pero mayormente lo que les interesa señalar es la fuerte martiana que le da tema. Algunos, sin embargo, han sido muy severos en la evaluación y le han encontrado defectos bastante serios en cuanto al manejo de los personajes secundarios y al planteamiento de la acción dramática[4]. En nuestra opinión, estamos aquí ante un ejemplo más de las incursiones de Ramos en el teatro clásico. Si examinamos esta pieza desde esa perspectiva, se justifican muchos de los supuestos defectos que se le han atribuido en cuanto al manejo de los elementos humanos y narrativos.

El poema martiano contiene innegablemente, en la breve síntesis de esos doce versos, toda una tormenta de las pasiones humanas en conflicto surgidas al impacto de la lucha por la independencia cubana. Muchos la padecieron de una u otra manera, y por eso esta creación de Martí cobra visos de leyenda y como tal entra a formar parte de nuestras tradiciones y cultura. Lo que hace Ramos aquí es aplicar la inspiración clásica que recogía los mitos y leyendas para sobre ellas elaborar la pieza dramática y al hacerlo le imparte también a su obra ese sentimiento de idealidad que matiza a la tragedia griega. El personaje central queda reducido a un ideal patriótico, que es lo que le interesa destacar puesto que ésa es la esencia del poema martiano, y los personajes secundarios cumplen funciones específicas, determinadas por las necesidades de la historia: a los soldados mambises, a la manera del coro clásico, les corresponde la de poner al lector o espectador en antecedentes de cuán hondo siente el Capitán mambí la vergüenza de tener un hijo peleando en las filas del enemigo; a los soldados españoles, la de hacer posible que se cumplan ciertas circunstancias que requiere la leyenda. A esos fines, Ramos hace uso de algunos de los recursos técnicos de la tragedia griega como son los monólogos, las narraciones y los cuadros, pero sin embargo, en esta pieza, más que por la forma es por el fondo en lo que se puede apreciar el enlace con lo clásico. Es esa impresión de algo terrible que fatalmente ha de ocurrir, esa sensación de un destino implacable y además, la idealización del fervor patriótico del Capitán, lo que sugiere la tragedia clásica.

Toda la acción de la obra de Ramos se desarrolla en el cortijo abandonado de Juan García, Capitán del ejército insurrecto, que vive agobiado por el pesar de que su hijo lucha contra los suyos, en las filas del ejército invasor. Esa noche, noche de tormenta, el Capitán ha regresado a su antiguo lar a recordar la dulce presencia de su esposa, víctima de los desmanes de la guerra, y a rumiar la vergüenza de que su hijo sea un traidor. Lo han acompañado hasta allí dos soldados. Sus comentarios son necesarios para saber del temple del Capitán y para llamar la atención sobre ciertas circunstancias del ambiente que predisponen a la tragedia como el «color de sangre» que tiene el cielo y el viento que «golpea en los oídos, como si quisiera decir algo en secreto». Ese algo es la pena que lleva clavada en el alma el Capitán; pena, dolor, vergüenza, ira, que se desata en una terrible maldición para su hijo traidor: «¡Que ninguna bala te mate...que ningún machete cubano se ensucie en tu sangre cobarde, que no mueras nunca antes que puedas criar siquiera un poco de vergüenza, y que sea de eso, de vergüenza, de lo que mueras, maldecido de 'to' el mundo!» (esc. ii). El fulgor de un relámpago y el estruendo de un rayo añaden intensidad dramática al momento y parecen presagiar que se cumplirá el castigo pedido. Sin embargo, como Ramos no ha pasado por alto que Martí destiló una gran ternura en lo hondo de ese fuerte carácter, hace que el Capitán, tras la maldición, confiese a Dios: «¡Yo lo quería con toda mi alma y tú debes saberlo si estás ahí para castigar infamias! ¡Yo no he querido nada en el mundo, nada en el mundo, como a él lo he querido!» (esc. ii).

Hasta aquí tiene Ramos identificados a los personajes y planteado el conflicto pero es necesario justificar ciertos versos martianos que demandan que la tumba del Capitán esté en aquel mismo cortijo y que su cadáver se halle «envuelto en su pabellón» y es así que es el propio Capitán —quien resultó mortalmente herido en un breve encuentro con una guerrilla española— quien ha de enterrar la bandera para salvarla de cualquier ultraje y que la llegada de dos soldados españoles dé ocasión para que el moribundo pueda pedirles, como un favor cristiano, que le den sepultura junto a los restos de lo que fue un día su bohío. Es éste un diálogo hermoso en el que se destaca la habilidad del dramaturgo para mostrar, con trazos breves y penetrantes, el planteamiento de su temática. No hay odio entre los combatientes de ambos bandos: cubanos y españoles pelean por una causa justa para cada cual: por obtener su independencia los unos; por conservar lo que consideran suyo, los otros; pero todos, conscientes de que están haciendo lo justo, por eso, precisamente, la agonía del Capitán Juan García que confiesa con vergüenza «¡Soy el padre de un traidor! Eso soy. Nada más» (esc. v). También fue cuidadoso Ramos en mostrar nobleza e hidalguía del lado español. El soldado primero le da sepultura al mambí porque «Lo que se promete a un moribundo, se cumple» (esc. v), dice, y ante la protesta de su compañero se justifica: «Yo, por lo mismo que soy español lo hago» (sec. v). Como hombre íntegro y de conciencia, supo entender los deseos del Capitán que con sus últimas fuerzas suplicaba «...Quiero morir aquí en mi *bojío*, quiero que me entierren aquí mismo...! ¡Se lo pide un cristiano! Esto es un deseo sagrado. ¡Quiero que me entierren aquí mismo!» (esc. v). El soldado invasor pelea lejos de su terruño y esto le hizo recordar con dolor «¡Quién sabe, de nosotros, el que pueda alcanzar igual ventura!» (esc. v). Pero Ramos, que no ha dejado de ser realista, se preocupa de plantear las distintas circunstancias del bando español y así, deja saber por referencias de sus soldados que el teniente de la patrulla es un asesino y que «es el que más odio le tiene a esta tierra que todo se lo ha dado» (esc. v) y también presenta en el soldado 2o, la actitud del que no guarda odios ni rencores pero no llega a más nobleza que la que le impone su concepto limitado de lo que es ser cristiano.

En una escena posterior es que aparece el hijo del Capitán identificado el personaje como «el extraño». Viene —como vino el padre— a recordar tiempos mejores, cuando vivía su madre. Allí encuentra a los dos soldados españoles que lo reciben con desconfianza al darse cuenta que es cubano y que huyen despavoridos ante la macabra aparición del Capitán mambí que se ha levantado de su tumba apenas el extraño se identificó como su hijo. En la escena final se dramatiza el poema. Todas las demás eran necesarias sólo para justificar ésta, y nada se pasa por alto, sin embargo, tiene la misma lacónica sencillez y efectividad de los versos. La terrible sanción paterna se cumple en medio de los resplandores de los relámpagos y la furia desatada de la tormenta y, a través de ésta, se abre paso el Capitán hacia su tumba arrastrando consigo al hijo.

Es indudable que en esta pieza teatral introdujo Ramos ciertos elementos simbolistas a través de poéticas referencias al paisaje que responden en determinados momentos a las emociones de los personajes, unas veces para enfatizar la añoranza por el antiguo hogar destruido y otras para hacerle marco a los sentimientos de ira y vergüenza que abriga el Capitán hacia su hijo, lo cual pone de relieve la capacidad de adaptación de Ramos a las exigencias de cualquier modalidad teatral, sin abandonar las características de su propio teatro.

Si bien esta obra no es de las más divulgadas, puede ser considerada como uno más de sus logros, por su excelente composición temática que, sin traicionar la fidelidad a su fuente de inspiración, mantiene una perfecta unidad escénica que se resuelve maravillosamente en la dramatización del poema martiano.

NOTAS

1. José Martí. *Obras completas*. La Habana. Editorial Nacional de Cuba, 1965, Vol. 16, 104.
2. Augusto Strindberg. «Miss Julie». *Plays*. Translated from the Swedish by

Elizabeth Sprigge, Chicago, 1962, Aldine Publishing Co., 69.
3. Rine Leal. *Teatro cubano en un acto.* Antología. La Habana, 1963, Ediciones R, 16-17.
4. Matías Montes Huidobro. «Técnica dramática de José Antonio Ramos». *Journal of Inter-American Studies and World Affairs*, abril de 1970, Vol. XII, No. 2, 239.

EL TRAIDOR

TRAGEDIA

Por la tumba del cortijo
donde está el padre enterrado.
pasa el hijo, de soldado
del invasor: pasa el hijo...

El padre, un bravo en la guerra.
envuelto en su pabellón,
álzase, y de un bofetón
lo tiende muerto por tierra.

El rayo reluce, zumba
el viento por el cortijo...
El padre recoge al hijo.
y se lo lleva a la tumba.

José Martí.

DRAMATIS PERSONAE:

EL CAPITAN MAMBI.
SOLDADO MAMBI PRIMERO.
SOLDADO MAMBI SEGUNDO.
EL TENIENTE ESPAÑOL.
SOLDADO ESPAÑOL PRIMERO.
SOLDADO ESPAÑOL SEGUNDO.
EL EXTRAÑO.

Campos de Cuba, durante la última guerra de independencia.

ESCENA

Un conuco abandonado.

A la derecha, el bohío. En el colgadizo, antes del cuerpo de la casa, algunos aperos de labranza, un arado, una guataca, un pedazo de machete, etc., cubiertos de herrumbre. Contra un horcón, patas arriba, un taburete de cuero, roto. Colgando de un clavo, un sombrero hecho jirones y un pingo de ropa. La yerba ha crecido a su antojo y cubre completamente la tierra.

En segundo término. restos de una cerca de madera.

Al fondo, el campo.

Noche de luna, tempestuosa y lívida; nubarrones rojizos y negros dan, al hoizonte, la ilusión medrosa de un formidable incendio lejano. El viento zumba trayendo broncos silbidos extraños de la manigua, y las ráfagas, violentas, sacuden despiadadamente el bohío abandonado arrancándole crepitaciones y crujidos secos, como el entrechocar de huesos de un esqueleto...

ESCENA I

Dos soldados mambises.

SOLDADO 1º. (*Al otro, que atisba con disimulo hacia el interior de la casa.*) ¿Qué hace?
SOLDADO 2º.—Ahora no veo. Ha ido hacia el fondo con algo en la mano, como unos trapos... Me pareció que los besaba...
SOLDADO 1º.—Ven... déjalo. Que no se dé cuenta de que lo estamos observando.
SOLDADO 2º.—Desde que se apeó del caballo, ahí enfrente, principió a hablar solo... ¿Tú lo oiste?
SOLDADO 1º.—Sí.

(Un relámpago.)

SOLDADO 2º.—¡Mala noche!
SOLDADO 1º.—Mala
SOLDADO 2º.—Me parece que vamos a tener agua otra vez, antes de volver al campamento.
SOLDADO 1º.—Mira para allá... El cielo tiene color de sangre...
SOLDADO 2º.—Parece fuego...
SOLDADO 1º.—Parece el resplandor de un cañaveral ardiendo.
SOLDADO 2º.—Un cañaveral tan grande como toda Cuba... Es todo el cielo... Mira.
SOLDADO 1º.—Ya no se ve donde está la luna. Las nubes la han tapado completamente. Ya esta noche...
SOLDADO 2º.—Esta noche no vuelve a salir.
SOLDADO 1º.—El aire está húmedo. El viento golpea en los oídos, como si quisiera decir algo en secreto...
SOLDADO 2º.—El Capitán, con su silencio y su tristeza, me ha puesto malo el cuerpo. Yo no sé que es lo que siento esta noche...
SOLDADO 1º.—Quisiera que mañana hiciese un día muy claro, con mucho sol. Estos días me hacen daño. Me parece que esta noche

dura ya demasiado...
(Un silencio.)

SOLDADO 2º.—Oigo pasos... Es él.
SOLDADO 1º.—Es él. —Ha salido por el fondo y se pasea agitando los brazos... ¡No! No mires para allá de ese modo. Que no se dé cuenta de que lo observamos...
SOLDADO 2º.—¡Qué hombre más extraño este hombre!
SOLDADO 1º.—¡Es un valiente!
SOLDADO 2º.—Es una fiera.
SOLDADO 1º.—El general lo distingue como a nadie...
SOLDADO 2º.—¡Y él, cómo si con él no fuera!
SOLDADO 1º.—Lo domina esa extraña preocupación suya...
SOLDADO 2º.—Para mí fué una sorpresa lo de esta noche. Por la tarde me dijo: «Voy a un sitio, cerca de aquí. Pero he de ir yo solo. ¡Solo!»
SOLDADO 1º.—Igual me dijo a mí.
SOLDADO 2º.—Yo le dije que estaba a sus órdenes... Y hasta ahora, que me dijo casi con dureza:... «Ahora es, ven si quieres».
SOLDADO 1º.—A mí me dijo que no pediría ningún permiso. Es la primera vez que lo veo faltando a una consigna.
SOLDADO 2º.—Desde que entramos a operar por esta zona, aumentó su tristeza... Y hace dos o tres días que está rematado...
SOLDADO 1º.—Lo domina esa extraña preocupación suya.
SOLDADO 2º.—Y el hijo... ¿opera también por aquí?
SOLDADO 1º.—Yo creo que él no piensa en otra cosa...
SOLDADO 2º.—Verdaderamente, debe ser horrible...
SOLDADO 1º.—Mi padre... es capitán de voluntarios...
(Un silencio)

SOLDADO 2º.—Esa nube más clara, debe traer agua...
SOLDADO 1º.—A mí me consta que el general le preguntó si quería quedarse con el coronel Hernández... Y él contestó que no: «Yo quiero volver a ver mi tierra, general». Así le dijo...
SOLDADO 2º.—A mí, de chiquito, me hicieron un cuento también de un padre y un hijo que se encontraron en la guerra...
SOLDADO 1º.—Un día lo ví llorando...
SOLDADO 2º.—¿A quién?
SOLDADO 1º.—Al capitán. Fué después del fuego con la guerrilla de Placetas, el último...
SOLDADO 2º.—Este revólver lo cogí yo en ese fuego. El Remington

lo tengo que me da miedo tirar con él.
SOLDADO 1º.—Estaba, como siempre, separado de todo el mundo. Se había desmontado y limpiaba el machete, tinto de sangre... Cuando estábamos en la emboscada, por poco nos descubre con su empeño de tirar primero que nadie... Y en el asalto, peleó como una pantera. Yo estaba a unos pasos de él, y en un momento le oí esos rugidos, esos gritos sordos suyos cuando tiene seguro el golpe y tira un tajo con toda su alma...
SOLDADO 2º.—Hace así... (*Imita*) ¡Hum! ¡Hum!
SOLDADO 1º.—Pues fué entonces, mientras limpiaba el machete con una yagua. Estaba como a esa distancia, y yo lo miraba por encima del caballo... Las lágrimas le salían, le rodaban por la cara y le caían, como yo no he visto llorar a nadie... (*Pausa*) Desde entonces nos pasó una cosa muy extraña: él me trata con más rudeza que nunca, pero no me huye; le gusta más que antes estar a mi lado. Y yo... yo le he cogido cariño, respeto... no sé como decírtelo pero si te dijera que miedo, no diría más que la verdad. Es como un miedo que no da vergüenza...
SOLDADO 2º.—El y yo sonos amigos desde Oriente; pero nunca he tenido así conversaciones largas...
SOLDADO 1º.—Y sin embargo, siempre está hablando solo.
SOLDADO 2º.—Yo tengo un tío que siempre está hablando solo...
SOLDADO 1º.—Mi abuelo también hablaba solo. Pero era muy viejo.
SOLDADO 2º.—¿Tu abuelo era español?
SOLDADO 1º.—Sí, vino a Cuba muy joven. Cuando yo era chiquito siempre me hacía cuentos de combates y de ajusticiados; creo que estuvo en la guerra carlista, allá en España. Una negra vieja, criada de casa, me dijo un día que había sido muy malo con los esclavos...
SOLDADO 2º.—También a mí me han hecho cuentos de ésos.
SOLDADO 1º.—Dicen que les mandaba sacar los ojos y después los hacía caminar sobre carbones encendidos. Algunas veces se divertía... —dicen—, soltando detrás de los negritos unos perros muy fieros que tenía...
SOLDADO 2º.—En las fuerzas del general Rabí conocí yo a un negro que había sido esclavo. Un día me contó que después que le dieron componte hasta dejarlo como muerto, le echaron un ácido muy fuerte encima, para despertarlo...
SOLDADO 1º.—En la guerra de los diez años, dicen que mi abuelo fué también muy malo con los cubanos. Yo oía de chiquito contar en casa unas cosas terribles. Ya... ni me acuerdo...

SOLDADO 2º.—Ya la estará pagando...
SOLDADO 1º.—¿Tú crees en el infierno?
SOLDADO 2º.—Es que cuando se ven cosas así...
SOLDADO 1º.—Le entra a uno un desconsuelo muy grande, de pensar que no se castiguen... tienes razón.
SOLDADO 2º.—El capitán sí que es religioso... ¿no le has visto la medalla que tiene en el pecho?
SOLDAD 1º.—Mientras se está feliz y contento nadie piensa en eso... ¡Pero él tiene esa idea fija....!
SOLDADO 2º.—Yo lo he visto besando la medalla...
SOLDADO 1º.—...que es como la idea de la muerte!
SOLDADO 2º.—Y también lo he visto contemplando la bandera horas y horas. ¡Cualquiera diría que hablaba con ella!
SOLDADO 1º.—¡La defiende como un león! El día que lo hirieron en la mano, le dijo al general... «General, a mí *pa* quitármela hay que matarme del *tó*... y si no tengo a mi lado ningún traidor, tampoco se pierde»...
SOLDADO 2º.—Para él todo se vuelve «traidores» ¿No te has fijado?...
SOLDADO 1º.—¡Cómo que es «su» palabra!
SOLDADO 2º.—Es raro que hable sin hablar de «traidores»...
SOLDADO 1º.—Lo domina esa extraña preocupación suya...

(El Capitán aparece en la puerta del bohío).

SOLDADO 2º.—¡Ahí está!
SOLDADO 1º.—Parece un fantasma...
SOLDADO 2º.—Vámonos de aquí ¿Le decimos algo?
SOLDADO 1º.—Yo no le hablo...
SOLDADO 2º.—Ni yo.
SOLDADO 1º.—Entonces, vámonos con disimulo por aquí...

(Vanse.)

ESCENA II

EL CAPITAN MAMBI, solo.

CAPITAN: (*Contemplando el montón olvidado de aperos*)—¡El arado!... ya ¿*pá* cuando? *Pá* sembrar muertos, si acaso; y los muertos... no dan *ná*. Ya no dan ni dolores! (*Pausa corta*) Se acabó! Se acabó el pensar y pensar en el conuco, y en el *bohío* y en ella... Ahora sí que está bien muerta, ahora que no está aquí, sí que me parece que lo sé: bien sabido de una vez. Pero total: como *endenante*... sin sentir y sin sentir. ¡Deben haberme salido callos en el alma! (*Pausa*) ¡Luisa! *Asín* me parece que le recuerdo, mejor, *asín*, como si fuera ahora a salir por esa puerta... «Luisa... mira *pá* allá: vamos a tener agua *tó* el día»... (*La voz se le entrecorta*) ¡Luisa!... (*Breve pausa*) Y ahora, *pá* no verla más nunca! A ella no la veré más nunca, y era lo más bueno que Dios crió en la tierra! En cambio, *al maldesío* ése puede que lo vuelva a ver! ¡Ah! Al que me lo hubiera dicho, nada más que jugando, ya se la habría *arrancao:* ahora es *toitica* la *verdá*, y aquí estoy *pá* sufrir y rabiar como un perro, royendo y royendo el mismo hueso toda la vida! (*Golpeándose la frente*) Aquí lo tengo metido y de aquí no me sale; aquí está él, arrodillado, apuntando con su mauser pá sus hermanos!!... Arráncame esto, Dios mío, aunque me tengas que arrancar los sesos... ¡mejor que mejor, *dispué* de *tó*! Para haber dado al mundo a ese maldito renegado, mejor *valía* no haber vivido. (*Sombrío*) Total, dos Juan García menos en el mundo, y la tierra más limpia. (*Pausa*) ¡Qué vergüenza más grande, Dios, qué vergüenza *pa* un hombre! Tú... ¡Juan García! Juan García como yo, que he dado mi tierra y mi pan y mi sangre por llamarme cubano, *ná* más que *pá* llamarme cubano y no tener que bajar la cabeza como un asesino; que lo he dado *tó* y daría más *entuavía pá* llamarme cubano, así, a gritos: «¡Soy cubano!» y no tener que temblar *delant'e* ningún canalla; tú Juan García como tu *agüelo*, macheteado en ese monte, *dispués* de ver a sus hijas *perdías* por esos patones!!... ¡No! Tú eres un *renegao*, tú te llamas «traidor», «traidor», *ná* más, que los traidores no pueden tener apellido porque no pueden ser hijos de padre y madre como los hombres honrados, traidor *ná* más! (*Exaltado*) ¡Qué ninguna bala te mate, es mi maldición, que ningún machete cubano se ensucie en tu sangre cobarde, que no mueras nunca antes que puedas criar siquiera un poco de vergüenza, y que sea de eso, de vergüenza, de lo que mueras, maldecido de *tó* el mundo! Yo no tengo más culpa que haberte engendrado, y de vergüenza, *denque* te fuiste, me están remordiendo las entrañas como si tuviera dentro la muerte y no acabara de salir!... ¡Maldito seas, traidor! (*Un vivo relámpago y el estruendo del rayo*) ¡Jesús! (*Dirigiéndose al cielo*) ¡No! ¡No es mi hijo! ¡no es mi sangre! ¡Yo lo quería con toda mi alma, y tú debes saberlo si estás ahí para castigar infamias! ¡Yo no he querido nada en el mundo, nada en

el mundo como a él lo he querido!...
(Sus últimas palabras se pierden en un sollozo incoercible)

ESCENA III

EL CAPITAN.—SOLDADO 1º

SOLDADO 1º. (*Entrando súbitamente*) ¡Capitán!
CAPITAN. (*Volviéndose airado*) ¡Mal rayo te parta!
SOLDADO 1º.—¡Capitán!
CAPITAN.—¿Qué pasa?
SOLDADO 1º.—Por detrás del palmar que da a ese camino, se ven venir unos bultos que no pueden ser de los nuestros... (*Un silencio*) Capitán, no es que yo quiera decirle nada... pero a nosotros nos parece una imprudencia esperarlos así... (*Un silencio*) Capitán, dé Ud. sus órdenes, y si hay que morir así, cazados como quien dice, díganos por lo menos si podemos defendernos!...
CAPITAN. (*Como replegándose, para saltar encima de él y aniquilarlo*) ¿Qué es lo que quieres decirme con eso?...
SOLDADO 1º. (*Retrocediendo*) ¡Capitán! ¡Qué no es lo que Ud. se figura! Antes dudaría de mí mismo, de cualquiera hasta del propio general, y no lo creería a Ud. nunca un traidor!
CAPITAN. (*Dulcificado*) ¡Vámonos entonces!... ¡Ya aquí no tengo nada que hacer!
SOLDADO 1º. (*Sereno, sin miedo*) Oiga Ud., capitán... Ahí están!...
LA VOZ DEL SOLDADO 2º. (*Desde fuera*) ¡Alto, quién va!
(Se oye un rumor confuso lejano, y seguidamente un tiro)

SOLDADO 1º.—¡La guerrilla!
(Una descarga cerrada, a lo lejos.—EL CAPITAN se lleva a la frente las manos, y vacila)

CAPITAN.—¡Los caballos y a ellos! ¡Mucho tiro y mucha voz!... (*Al sentirse herido*) ¡Ah, canallas!
SOLDADO 1º.—¡Capitán!
LA VOZ DEL SOLDADO 2º.—¡Viva Cuba libre!
CAPITAN.—¡Vamos!
SOLDADO 1º.—¡Capitán!
(Vanse.—Se oyen otros tiros y otra descarga. Después algunos tiros sueltos y el

galopar de algún caballo por la tierra fofa.—Después, silencio...)

ESCENA IV

Aparece el CAPITAN MAMBI, arrastrándose por tierra, la ropa y el rostro ensangrentados.—Ha sacado la bandera del jolongo y titubea, como tratando de esconderla en algún sitio.

CAPITAN.—¡No, no... la cogen lo mismo! ¡Enterrarla, eso es! ¡Enterrarla aquí mismo! (*Agarra con ademán familiar la guataca, entre los aperos, y pónese a cavar la tierra con un esfuerzo desesperado*) ¡Mira cómo mis pobres aperos van *entuavía* a servirme! ¡Qué dolor, Dios mío! Esto es la muerte... pero no importa. ¡No importa que yo muera si no he de ser el último! No importa que yo muera si Cuba ha de ser libre! Y ahora date prisa, Juan, que esto se acaba... (*Excava y echa la bandera en el hoyo*) Mi cuerpo que lo hagan picadillo como al de mi padre. Lo que es la bandera ya no la ensuciarán sus manos. ¡El corazón me lo dió, que yo *había* de perderla esta noche!... Ahora ya puedo morir un poco más tranquilo... (*Se tiende en tierra, sin fuerzas*) ¡Luisa!... ¡Mira como soy más feliz que tú, mujer! Tú te fuiste a morir de hambre en un *sardinel,* como un perro; te sacaron de aquí y te llevaron a la ciudad *pá* que allí te murieras de hambre! Yo, por lo menos, moriré aquí solo... (*La voz le tiembla*) muy solo, pero en mi *bojío,* en mi conuco, besando mi tierra de Cuba libre!...

ESCENA V

Dicho, que queda agazapado, invisible, y el Teniente español, con dos de sus soldados.

TENIENTE. (*Entrando con mucha precaución, revólver en mano*) ¿Quién vive?...
SOLDADO ESPAÑOL 1º.—No hay nadie, mi teniente... No eran más que esos dos.
TENIENTE.—Cuando menos, vendrían a presentarse. ¡Así están mejor: dos mambises menos! Pero no hay que confiarse,

muchachos. Vosotros os quedáis aquí, ese bohío puede servir para protegernos la salida hacia el pueblo, llamando para aquí la atención. Así que oigáis tiros, tirad vosotros. Y cuidado con los traidores, que ya sabéis que en la fuerza tenemos cubanos, y de estos hijos de mono y aura no puede uno fiarse... ¡Quedar con Dios!...
LOS DOS SOLDADOS.—A sus órdenes, mi teniente!
(Vase el Teniente.)

SOLDADO 1°.—Me parece que el teniente no las tiene todas consigo...
SOLDADO 2°.—No le falta razón. Es raro que estos hombres se hayan atrevido a venir hasta aquí solos y sin ningún motivo.
SOLDADO 1°. (*Tropezando con el cuerpo del Capitán*) ¡Córcholis! ¿Qué es esto? ¡Hola!
SOLDADO 2°.—¿Qué pasa?
SOLDADO 1°. (*Arrodillado junto al Capitán*) Aquí hay un hombre!
SOLDADO 2°.—¿Está muerto?
SOLDADO 1°.—Parece... (*Palpándolo*) Esto es sangre...
CAPITAN. (*Incorporándose con un gran esfuerzo*) Acaben de matarme... es aquí donde quiero morir...
SOLDADO 1°.—¡Hola! Pues si el teniente López te descubre, no tienes que pedírselo dos veces...
SOLDADO 2°.—¿Dónde está tu gente?
(Silencio.)

SOLDADO 1°.—¿No respondes?
CAPITAN.—Mátenme, o déjenme morir tranquilo... Esta es mi tierra, mi conuco, mi casa. Quiero morir aquí.
SOLDADO 2°.—Todo eso es un embuste. Ni ésta es tu casa ni tú estás solo aquí... si no nos dices la verdad te damos machete.
CAPITAN. (*Enérgico*) ¡Mentiras las dirá tu madre, patón! Esta casa es mía y esta tierra es mía... Salí de aquí hace dos años y esta noche he venido solo y *juío* a verla otra vez. (*Haciendo ademán de esgrimir su revólver*) Así medio muerto, no considero a ningún hombre *pa* decirme que miento...
(El Soldado 1° se le echa encima y lo desarma)

SOLDADO 2°. (*Blandiendo su machete*) ¡Apártate y déjame despanzurrarlo de una vez, al mambí éste!
SOLDADO 1°. (*Amparando al Capitán*) ¡No!
SOLDADO 2°.—¡Quita!

SOLDADO 1º.—Eso es una cobardía... Así no se mata a un hombre.
SOLDADO 2º. (*Envainando*) ¡Bah!...

(Un silencio.)

CAPITAN.—Oye... (*Al soldado 1º*) Sí, a ti... (*Mostrándole su mano*) Esta mano es la primera vez que la doy *asín* para un enemigo. A mí no me importa morir cinco minutos *endenante o dispué*... No puedo decirte más para que me entiendas...
SOLDADO 1º. (*Estrechándole la mano*) No tienes nada que agradecer; éste no es capaz de hacer eso. Somos soldados españoles, no asesinos. Si alguno de los nuestros olvidó esto, peor para él...
CAPITAN. (*Animado por una idea*) Oyeme!... Quiero pedirte un favor que no me puedes negar!
SOLDADO 1º.—Habla.
CAPITAN.—¡Te lo pido por tu padre o tu madre, o los hijos que has dejado allá en tu tierra! ¡Tú no eres traidor porque peleas al lado de los tuyos!
SOLDADO 1º.—¡Habla! (*Un silencio*) Di qué quieres...
CAPITAN.—¡Quiero ser enterrado aquí mismo, en esta tierra mía!...
SOLDADO 1º.—Pero eso...
CAPITAN.—No puedo más... ¡No puedo hablar ahora!
SOLDADO 1º.—Eso que me pides no puede hacerlo un soldado.
SOLDADO 2º. (*Interesado*) A ver... ¿Dónde estás herido?
CAPITAN. (*Al Soldado 1º, mostrándole la azada*) Mira... ¡Haz un hoyo ahí mismo!...
SOLDADO 2º.—¡Te llevaremos al pueblo y allí te curas, hombre!
CAPITAN. (*Reuniendo todas sus fuerzas*) ¡¡No!! Quiero morir aquí en mi *bojío*, quiero que me entierren aquí mismo... ¡Se lo pide un cristiano! Esto es un deseo sagrado. ¡Quiero que me entierren aquí mismo! Ya no puedo más...
SOLDADO 2º.—¿Cómo te llamas?
CAPITAN.—No lo digo, no soy nadie. Quiero morir y desaparecer sin que nadie sepa que aquí estoy enterrado...
SOLDADO 1º.—¿Por qué?
SOLDADO 2º.—Explícate, pardiez! Si no hablas más claro te llevamos para el pueblo...
SOLDADO 1º.—Dinos tu nombre nada más. Para saberlo, al menos...
CAPITAN. (*Como consigo*) Es que yo no quiero que *él* sepa nunca dónde estoy enterrado!
SOLDADO 2º.—Si era ésta tu casa, hemos de saberlo...

SOLDADO 1°.—Espera, espera... (*Al Capitán*) ¿Quién es ése? ¿Quién no quieres que sepa... eso? ¡Habla!
CAPITAN.—¡Soy el padre de un traidor! (*Un silencio*) Eso soy. Nada más.
SOLDADO 1°.—¿Qué traidor es ése?
CAPITAN.—No le reconozco otro nombre. Yo lo engendré... ¡Maldito sea! No me preguntes más...
SOLDADO 2°.—¿Quién es? ¿Cómo se llama?
CAPITAN.—¡¡El Traidor!! ¡No tiene otro nombre!
SOLDADO 2°.—Es terco el hombre.
CAPITAN.—No puedo más. Acaben de matarme, machetéenme. ¡Péguenme un tiro! Esto otro me duele más que todas las muertes!
SOLDADO 2°.—¿Qué hacemos?
SOLDADO 1°. (*Cavando ya, resueltamente*) ¡Obedecerle!...
SOLDADO 2°.—¿Y si no muere?
SOLDADO 1°.—Mira cómo está ya...
SOLDADO 2°.—Después de todo, cuando lo esté...
SOLDADO 1°.—Lo que se promete a un moribundo, se cumple.
SOLDADO 2°.—Yo no prometí nada.
SOLDADO 1°.—Porque no eres un hombre de corazón. Yo, por lo mismo que soy español lo hago...
SOLDADO 2°.—También podemos comprometernos...
SOLDADO 1°.—Mira... la tarea no puede ser más fácil. La tierra es blanda y antes que venga el Teniente ya lo tenemos todo listo...
SOLDADO 2°. (*Ayudando*) En las cunetas del camino están cuatro hombres más... Y pueden quedar rastros...
SOLDADO 1°.—¡Pues con todo y eso! Este hombre ha sido un valiente y un hombre de honor. Y yo peleo contra esta gente, pero no la odio... Al cabo lo que quieren es libertad... ¡Lo que hicimos nosotros con los franceses!
SOLDADO 2°.—¡Qué te oiga el Teniente!
SOLDADO 1°.—Ese es español como pudiera ser ruso... Lo que es él es un asesino... ¡Eso!
SOLDADO 2°. (*Yendo hacia el Capitán*) Aguarda... me parece...
SOLDADO 1°.—¡Ni siquiera es del Ejército! Ese allá no sería nadie... y es el que más odio le tiene a esta tierra que todo se lo ha dado!
SOLDADO 2°. (*Junto al Capitán*) Ya está muerto.
SOLDADO 1°. (*Quitándose el sombrero, respetuosamente*) Dios lo tenga en su santo reino.

SOLDADO 2°. (*Quitándose también su sombrero*) Está acribillado a balazos...
SOLDADO 1°. (*Por la fosa*) ¿Estará bien esto así?
SOLDADO 2°. (*Levantando el cuerpo del Capitán*) Agarra por ahí... Con que no lo vean las auras ésas, todo va bien. Para hacer una verdadera fosa nos estaríamos cavando más de una hora...
SOLDADO 1°.—Dejémosle el machete. El revólver lo tiré yo por ahí...
SOLDADO 2°.—¡Hala! No hay tiempo que perder...
SOLDADO 1°.—La cabeza va a quedarle casi descubierta...
SOLDADO 2°.—Se hace un montículo: se tapa. Pues aquí no es probable que se hagan pesquisas en varios días...
SOLDADO 1°.—Dijo que esta noche había venido huido...
SOLDADO 2°.—La partida no debe andar lejos.
SOLDADO 1°.—Ya debe saberlo el comandante. Mañana o pasado tendremos fuego serio con ella.
SOLDADO 1°.—Oye... unas pisadas... ¿No oyes pisadas de hombre?
SOLDADO 1°.—Sí: démonos prisa... ¡Esto va a quedar muy mal!
SOLDADO 2°.—Como salga la luna o nos coja aquí el día... ¡nos caímos!
SOLDADO 1°.—No es probable... Mira la tormenta cómo se nos echa encima...
SOLDADO 2°.—Esa nube negra parece que viene bajando a tierra...
SOLDADO 1°.—Ya está... Dame el fusil.
SOLDADO 2°.—Ahora vamos a dar una vuelta... De todas maneras... ¡ya está hecho!
SOLDADO 1°.—¡Y no debe pesarnos! El pobre hombre descansa ya en su terruño, como fué su último deseo. (*Como evocando, lúgubremente*) ¡Quién sabe, de nosotros, el que pueda alcanzar igual ventura!
(El otro se encoge de hombros, y quedan silenciosos.)

ESCENA VI

EL EXTRAÑO aparece por el fondo y se queda en suspenso al advertir la presencia de los soldados.

SOLDADO 2°. (*Notando al extraño y sorprendido, mientras maquinalmente prepara su arma*) ¡Un hombre! ¡Alto, quién vive?

SOLDADO 1°. (*Imitando a su compañero, maquinalmente*) Alto allá!
(Un silencio.—El soldado 2° toma puntería)
EL EXTRAÑO. (*Con voz apagada*) ¡Guerrilla Camajuaní!
SOLDADO 2°.—¡Pues contestar, puñales, que para eso se tiene la lengua!
(Otro silencio)
SOLDADO 1°. (*A su compañero*) Oye... éste es cubano.
SOLDADO 2°.—No sé qué se le habrá perdido por aquí. Acuérdate lo que nos dijo el Teniente...
SOLDADO 1°. (*Al extraño*) ¡Oye, tú! ¿Que vienes a hacer por aquí?
(Otro silencio)
SOLDADO 2°.—Pero... ¿es que eres sordo, o tonto. Responde: ¿qué vienes a hacer por aquí?...
EL EXTRAÑO.—Nada... Ver esto.
SOLDADO 2°.—Y... ¿qué tiene esto que ver? (*Más alto*) Te pregunto: ¿que qué tiene esto que ver más que tu puesto?
EL EXTRAÑO.—Nada.
SOLDADO 1°.—Entonces... ya estás diciendo a lo que vienes.
EL EXTRAÑO. (*Avanzando, hosco*) ¿Quiénes son ustedes *pá* mandarme?
SOLDADO 2°.—Que nos ha dado el olor de algo feo, y como se te vea cualquier movimiento mal hecho me parece que te vas a quedar con las ganas...
EL EXTRAÑO. *(Como consigo)* ¡Siempre el acecho y la desconfianza detrás de mí!
SOLDADO 1°.—¿Con quién hablas?
EL EXTRAÑO.—¡Con nadie! (*Hosco*) Tengo mis razones *pá* venir aquí, y por eso he venido...
SOLDADO 1°.—Y yo tengo las mías para decirte que te puede costar caro...
SOLDADO 2°.—Por mí no necesitaba más para darte cuatro tiros... (*Advirtiendo movimiento de desprecio en El Extraño*) ¡Andar! Si no dices ahora mismo a qué has venido, te meto una bala en la cabeza!...
(El Extraño hace ademán de repeler la agresión El Soldado 1° se le echa encima y lo desarma luchando.—Acude el Soldado 2°)

EL EXTRAÑO.—...Suéltenme! ¡Yo no he venido a nada!

SOLDADO 1º.—Date preso. Lo explicarás a los jefes...
SOLDADO 2º.—Las armas... ¡A ver! ¿Conque tenías tus razones?...
¡Bueno! ¡No te muevas!
EL EXTRAÑO.—¡Sí, mis razones! ¡Este conuco es mío! ¡Ese *bojío* es el mío! ¡He tirado *pá él* y me ha *paresío tirá pá* mi madre!... ¡Por eso he venido, y no tengo a nadie que dar cuenta!... ¡Suéltenme! (*Los soldados lo sueltan y retroceden, mirándolo fijamente, espantadamente*) ¿Qué me miran ustedes? ¿Qué tengo yo en la cara *pá* que me miren *asín*?
SOLDADO 1º.—¡Ahí... vi... viste tú?
EL EXTRAÑO.—¡Sí! ¿Qué fué?
SOLDADO 1º. (*Retrocediendo*) Nada...

(Así, sin dejar de mirarlo, vanse ambos soldados poco a poco, espantados y silenciosos.)

ESCENA VII

El Extraño, solo.

EL EXTRAÑO.—¿Y por qué es esto? ¿Qué tengo yo en la cara?... ¿Por qué me han *mirao asín*?... (*Se palpa, se ve las manos, poseído de terror*) ¿Por qué me han metido miedo esos hombres al mirarme! (*Detrás de él se yergue poco a poco el Capitán*) ¿Por qué han *juío* de mí? (*Fuera de sí, gritando*) ¡Oigan! ¿Por qué huyen! ¡¡Oigan!! (*El Capitán se yergue, como un espectro. Brilla un relámpago deslumbrador... El Extraño ya tiene ante sí la aparición*) ¡No! ¡No es verdad! ¡No hay fantasma! ¡No es verdad!

(Otro relámpago.—El Extraño lanza un grito estridente y aterrador, al tiempo que el Capitán le da una bofetada en pleno rostro)

CAPITAN.—¡¡Traidor!!

(El Traidor desplómase, muerto.—Se oye el estallido del rayo.—El viento zumba con un vagido horrísono.—El Capitán cae también y arrastra consigo el cuerpo del Traidor)

TELON

LA RECURVA

ESTUDIO PRELIMINAR

Bien pudiera decirse que Cuba y José Antonio Ramos nacieron al mismo tiempo. Su niñez coincide con los dolorosos años de la guerra emancipadora organizada por Martí; su juventud, con los primeros de la nueva república que con pasos inseguros se separaba de la metrópoli que por cuatrocientos años la había representado. Es, pues, natural que la imagen de la patria que luchaba por alcanzar sus metas republicanas, que sufría sus frustraciones y desengaños, que iniciaba esperanzada nuevas rutas para su consolidación, quedara impresa indeleblemente en la mente y el corazón del joven Ramos que con ella se sentía plenamente identificado y proclamaba con fervor patriótico: «...Soy cubano, y todas mis aspiraciones, aun las inconfesables a fuer de fantásticas, van a mi Patria. Que de allí saldrán algún día si tienen por qué salir»[1]. Su cubanía y su constante preocupación por las cosas de su tierra son las características más notables de su obra. Cuba está presente en casi toda ella. No en balde Jorge Mañach le reconoció a su muerte que «sintió como pocos el déficit de su tierra y lo hizo problema cardinal de su vida»[2].

La recurva, es toda ella una metáfora de la situación política que se vivió en Cuba en las cuatro primeras décadas del siglo XX. Es de notar que sitúa la acción en 1936, precisamente en el mes de octubre. Hacía muy poco tiempo que la nación cubana había superado la turbulenta época del régimen de Machado y se debatía todavía entre las convulsiones de la recuperación constitucional, pero en octubre de ese año, justamente, el Congreso había depuesto al presidente electo Miguel Mariano Gómez, y otorgado la alta magistratura al vicepresidente Laredo Brú. Esto hacía evidente que la vida republicana dentro de las normas democráticas no lograba estabilizarse. Aquellos momentos eran de grandes preocupaciones y temores de que peligros externos tomaran ventaja de la inestabilidad política de la nación. Todo ello queda reflejado en este drama de

Ramos. Aprovecha la coincidencia del mes de octubre con la época ciclónica para presentar la desesperación de una familia campesina que se siente acorralada y desamparada ante la furia devoradora del huracán que ya ha hecho tremendos estragos en la endeble vivienda (como el proceso de quebrantamiento del ritmo constitucional que había atravesado la nación) y ve con pavor que la recurva del ciclón acabará por destruirla. Esa es la voz de alarma que quería dar Ramos: la recurva de las tormentas políticas son a veces más peligrosas que éstas mismas y pueden llevar al completo aniquilamiento.

La acción dramática de *La recurva* cobra intensidad con la lucha fraticida entre Juan y Eulogio, pero en esto también puede hallarse una referencia simbólica al plano de lo nacional pues en esta obra se cumple una característica del teatro de Ramos que con gran acierto crítico, ha señalado el profesor Montes Huidobro que es la de «integrar el conflicto individual dentro del familiar y éste dentro del nacional»[3]. En efecto, la tensión dramática viene de afuera hacia adentro; de lo nacional a lo particular; y por ende, la inmersión del espectador dentro del conflicto es inmediata pues ya trae el conocimiento de causa que es de aplicación a la circunstancia individual de los personajes. Esta habilidad de síntesis en el planteamiento del conflicto, bien puede considerarse un logro en este caso específico, si se tiene en cuenta que es una obra de un solo acto. Además, los elementos simbólicos que se refieren a la temática contribuyen en gran medida a este propósito ya que son bastante obvios: la tormenta que acaba de pasar pero cuyos efectos posteriores amenazan mayores descalabros, la disociación familiar para afrontar los peligros y el título de la obra, que pone énfasis, no en la calamidad pasada, sino en la que está por venir. Con razón Max Henríquez Ureña[4] admitía su preferencia por las piezas breves de Ramos, debido a la destreza de éste en condensar toda su habilidad técnica en un solo acto.

Lo que hace Ramos en definitiva es crear una situación familiar que responda a presiones externas e internas de manera similar a las del momento histórico cubano de los años treinta. Las presiones externas, como ya hemos apuntado, están simbolizadas en el cataclismo ciclónico; de las internas da antecedentes en el prólogo que él titula «Anotaciones psico-biográficas de los personajes» en el cual efectúa una completa caracterización de Juan de la Maza y sus dos hijos, con evidente énfasis en los factores psicológico y moral que son los que van a establecer la diferenciación fundamental entre estos tres personajes, los principales del drama. De los dos restantes, la madre y Andrea, sólo se limita a apuntar de la primera que «es la madre campesina cubana que llega a su aparente impasibilidad tras de una larga vida de inhibiciones, de sufrimientos y de resignación», es decir, que queda reducida a ser un personaje tipificado, lo cual responde a una función específica que va a tener en la estructura del drama, a la que nos referiremos más adelante. De manera similar, y por la misma razón estructural, de Andrea sólo dice que es la segunda esposa legítima del hijo mayor, que es dieciocho años más joven que éste y que lleva un niño recién nacido en los brazos. Es decir, que de los cinco personajes que componen la obra los tres masculinos son los que van a tener la responsabilidad de la tensión dramática basada especialmente, como ya dijimos, en su caracterización moral y psíquica, y aun entre ellos se puede reconocer una cierta jerarquía en cuanto a su participación dentro del argumento.

En efecto, Juan de la Maza es un hombre de trabajo, sencillo e ingenuo, que después de cumplir con su patria en la guerra de independencia se dedicó a trabajar la tierra para mantener a su familia; Juan, su hijo mayor, es como su padre, laborioso y sencillo pero, «más despierto a los acicates de su época», deja de ser guarda rural para hacerse colono de un central azucarero, luego «por exasperación se torna conspirador y revolucionario» y por último, ya caído el régimen de Machado, entra a formar parte del ejército, y su hermano Eulogio, de veinticuatro años, es un revolucionario decepcionado: las convulsiones políticas le frustraron el hacerse abogado y le lanzaron a las incertidumbres de la clandestinidad y la fuga, las que compartió, pletórico de ideales, con el hijo del propietario de las tierras que labora su padre, pero luego supo que éste no actuaba con la misma sinceridad patriótica que él, y a pesar de que le debe la vida al padre de su compañero dice con amargura: «¡Más me hubiera valido morir despedazado, pero lleno de fe, antes que sobrevivir para ver lo que veo...!» Luego, hay mucha mayor profundidad psicológica en Eulogio que en Juan y más en éste que en su padre.

La crítica ve el planteamiento de esta trilogía desde distintas perspectivas: para José Juan Arrom «se plantea el problema entre la vieja y la nueva generación durante los años caóticos que siguieron a la expulsión de Machado»[5]; para Natividad González Freyre, se «presentan dos puntos de vista políticos, uno revolucionario y el otro conservador»[6] y para Juan J. Remos, el autor «simboliza en la recurva del ciclón la traición a los ideales revolucionarios»[7]. Es decir, que todos parecen coincidir en admitir que el debate ideológico del drama tiene lugar entre estos tres personajes que precisamente corresponde cada uno, por su diferencia generacional, a distintas etapas del proceso histórico cubano en sus inicios republicanos. Lo simbólico, por lo tanto, en el contenido de esta obra, resulta evidente.

En cuanto a la forma, es muy simple. No hay complicaciones. La enemistad entre los dos hermanos, se hace patente desde el comienzo del diálogo de ambos y Eulogio explica enseguida la causa del malestar de su hermano: «...Lo que te quema la sangre es haberme encontrado aquí, en lo que con razón consideras ya más tu casa —tuya y de tu nueva mujer que de los viejos, en que pudiera sentirme yo también en mi casa. ¡Te lo vi en la cara desde anoche, que llegaste!» Por eso Arrom dice que «es un trozo escueto de conversación en una casa de campo cubana mientras afuera ruge el vendaval»[8]. Por otra parte, Montes Huidobro habla del «martillar monocorde de la acción que poco a poco va creando una atmósfera cada vez más tensa»[9].

Por tanto, el argumento no es nada complicado. Esto corrobora nuestra impresión de que estamos ante una versión moderna de la tragedia griega pues en ésta la sencillez es una cualidad específica de la acción en la que falta el complejo interior de la trama. Otro elemento básico de la tragedia griega que puede tener alguna significación para el punto de comparación que estamos estableciendo, es el fatalismo de los acontecimientos determinado por la participación de las divinidades, lo cual en *La recurva* se plantea en el enfrentamiento de voluntades humanas a la implacabilidad de las fuerzas naturales.

Vamos a analizar, pues, los factores que intervienen en este drama cubano, que pueden justificar su clasicismo. En primer lugar, ya vimos que la caracterización de los personajes se concentra en sus cualidades psicológicas y éticas y que éstos además se reducen prácticamente a los tres masculinos. Es oportuno recordar que en los dramas griegos, hasta bien avanzado el siglo V AC, se usaron solamente tres actores para representar los tres personajes que toda obra tenía, aunque hubiera alguno femenino, y que la tragedia griega era una obra llena de idealidad en la que los personajes mantenían, pese a sus debilidades y frustraciones, un afán y una apetencia de ideales que se elevaba sobre las realidades cotidianas.

Según apunta John William Donaldson en su tratado sobre el teatro de los griegos[10], casi nunca había más de tres actores, los cuales se designaban respectivamente protagonista, deuteragonista y tritagonista. Recuérdese que ya habíamos visto una cierta relevancia psicológica de Eulogio respecto a su hermano y de éste en cuanto a su padre. Otra característica que señala Donaldson referente a los actores es que en el supuesto de que aparecieran niños, éstos no intervenían en la declamación, sino que alguno del coro, desde una posición oculta, recitaba o cantaba su participación, lo cual coincide con el papel que le está asignado a los dos niños que figuran en *La recurva* pues, cuando aparecen en escena, no hablan y lo único que se oye de ellos es su llanto desde el interior de la casa.

Además, en cuanto a tiempo y lugar, también mantiene este drama una característica de la mayoría de las tragedias griegas, que es la de la acción continuada en un solo lugar: la endeble vivienda campesina que en este caso tiene por añadidura la función dramática de cooperar a crear la sensación de aislamiento, de desamparo y de inminente peligro que hostiga a la familia ante las fuerzas desatadas de la naturaleza, que en *La recurva* ya vimos que tenían una función simbólica determinante en lo histórico, pero que también coincide temáticamente con la tragedia clásica pues la fatalidad, representada muy frecuentemente en los cataclismos, es una de las ideas dominantes en ella.

Pero hay otros factores esenciales de la tragedia antigua que, aunque aparentemente no se cumplen en *La recurva*, un estudio más detallado de ésta los revela. Nos referimos específicamente a la intervención del coro y del elemento lírico y a la composición estructural que sigue aquélla en las cinco partes básicas que derivaron posteriormente en los cinco actos del drama moderno.

La primera de estas partes básicas era el prólogo en el cual el poeta suministraba al público los antecedentes que eran necesarios conocer para comprender la situación planteada, y ya hemos visto que Ramos busca el mismo propósito con el estudio de los personajes, introductorio a la obra. Por otra parte, si tenemos en cuenta que entre las funciones que Oscar G. Brockett[1]le señala al coro, está la de tomar una parte activa en la acción, establecer el tono emotivo de la obra y acentuar los efectos dramáticos, además de cumplir una función rítmica acelerando o deteniendo el desenvolvimiento escénico, es posible interpretar que el huracán que mantiene confinada y en peligro de muerte a la familia del viejo mambí Juan de la Maza, cumple el papel de tal coro. Lo vemos hacer su entrada después del prólogo —tal como en el párodo de la tragedia griega—: «Al levantarse el telón se siente en la casa como el empujón de un golpe de viento, que obliga a todos los personajes a un movimiento incoercible de temor». Durante toda la obra su presencia es insoslayable; bien sean las fuertes rachas de viento o el estruendo de la lluvia, interfieren en el diálogo, o si no, en la acción. Así tenemos, por ejemplo, que el cuarto donde se refugian los niños es castigado duramente por la tormenta y Andrea llama desesperadamente a su marido pidiendo amparo para sus hijos.

A través de toda la secuencia escénica, aunque se desarrolla, como dijimos, en un solo momento y lugar, se pueden distinguir varias partes que corresponden a los episodios de la tragedia griega, separados por entradas y salidas de personajes o por los estásimos que en la dramaturgia helénica eran canciones corales y que en *La recurva* son los silbidos del viento, los aullidos del perro y las oraciones y súplicas a la Divina Providencia que la madre y Andrea mantienen cumpliendo así la función estructural específica que ya habíamos anunciado.

Por último, el final de esta obra es de una gran fuerza dramática: la tormenta entra con ímpetu avasallador y «las sombras de Juan y de Eulogio se hunden, por el fondo, en la vorágine del huracán», mientras los dos viejos y Andrea los llaman desesperados y la escena queda a oscuras. Así se confirma la observación hecha por Montes Huidobro[12] de que la técnica de los impactos finales es un recurso dramático utilizado reiteradamente por Ramos, pero también corresponde en la forma, al éxodo de la tragedia antigua con la salida definitiva de personajes y coro.

En resumen, que *La recurva* de José Antonio Ramos posee en su temática innegables repercusiones históricas que se relacionan con el momento del proceso republicano en que dicha obra se produjo y en su estructura, sigue los moldes clásicos, aunque adaptándolos, como es natural, a las demandas de la técnica moderna. Podemos considerar, por tanto, que es un ejemplo típico de su teatro clasicista puesto que plasmó en esta pieza fondo y forma clásicos.

NOTAS

(Este trabajo apareció en una versión original bajo el título «Clasicismo e historicidad de *La recurva* de José Antonio Ramos». *Círculo: Revista de Cultura*. New Jersey, Vol. IX, Año 1980, 63-69).

1. José Antonio Ramos. Prólogo de *Satanás*, Madrid, Imprenta Helénica, 1913.
2. Jorge Mañach. «Duelo a José Antonio Ramos». *Cuadernos de Cultura Hispánica*. San José, Costa Rica, noviembre 9 de 1946, 322.
3. Matías Montes Huidobro. «Técnica dramática de José Antonio Ramos». *Journal of Inter-American Studies and World Affairs*, abril 1970, vol. XII, no. 12, 234.
4. Max Henríquez Ureña. «Evocación de José Antonio Ramos». *Revista Iberoamericana*, febrero de 1947, no. 24, 258.
5. José Juan Arrom. *Historia de la literatura dramática cubana*, New Haven, Yale University Press, 1944, 80.
6. Natividad González Freyre. *Teatro cubano contemporáneo*, (1928-1957), La Habana, 1958, 115.

7. Juan J. Remos. *Proceso histórico de las letras cubanas*, Madrid, Ediciones Guadarrama S.L., 1958, 277.
8. José Juan Arrom. *Op. cit.* 80.
9. Matías Montes Huidobro. *Art. cit.*, 233.
10. John Williams Donaldson. *The Theatre of the Greeks.* A treatise on the history and exhibition of the greek drama. Tenth edition, London, George Bell and Sons, 1887, 307.
11. Oscar G. Brockett. *History of the Theatre*, Boston, Allyn and Bacon Inc. 1974, 25.
12. Matías Montes Huidobro. *Art. cit.* 235.

LA RECURVA
Drama en un acto

PERSONAJES

JUAN DE LA MAZA... (65 AÑOS).
JUAN, SU HIJO... (39 AÑOS).
EULOGIO PRADILLO DE LA
  MAZA, el benjamín... (24 AÑOS).
LA MADRE... (60 AÑOS)
ANDREA, la mujer de Juan
  (21 años) Con un niño
  en brazos.
DOS NIÑOS (De 8 a 10
  años.) No hablan.
LUGAR: Una humilde casita de madera y tejas, en el campo de Cuba.
EPOCA: Mil novecientos treinta y seis. Octubre.

ANOTACIONES PSICO-BIOGRAFICAS
DE LOS PERSONAJES

Juan de la Maza es veterano de la Guerra de Independencia, a la que marchó en 1895, a la edad de 24 años, y terminó con el grado de Capitán. Es un hombre de trabajo, sencillo ingenuo. Nunca hizo fortuna. Sirvió en la guerra a las órdenes de Eulogio Pradillo, héroe y mártir de la causa. Un hermano superviviente de éste, rico y poderoso, es el dueño de las tierras donde el viejo Capitán mambí, aún trabaja, con cierta tolerada categoría de arrendatario, siembra y recoge sus modestas cosechas y cría algunos animales.

Juan, su hijo. Nació en 1897, en plena manigua. Digno hijo de su padre, laborioso y sencillo. Pero más despierto a los acicates de su época. Miembro de la Guardia Rural, en la que llega a sargento, hasta 1920, «La danza de los millones» le da oportunidad de dejar su carrera militar y devenir colono de un central azucarero, con la ayuda financiera de don Jacinto Pradillo. En el año de 1931, la baja del azúcar lo deja arruinado y con deudas. Por exasperación se torna conspirador y revolucionario. Al cabo, con la caida de la tiranía y el renacer económico de los años siguientes, pide su ingreso en el nuevo Ejército. Su excelente hoja de servicios le abre el camino. Aparece en escena con corta licencia de dos o tres días.

Eulogio «Pradillo» de la Maza, el benjamin de sus padres. Nació en los mejores días de la casa, el año de 1912: el padre en la plenitud de su vigor, con todas las tierras del antiguo ingenio de los Pradillo como suyas, y socio industrial de don Jacinto en crías y otros negocios. Al inscribírsele en el Registro Civil, su padre exigió que se le pusiese por nombre no sólo el de su admirado y querido Jefe de la Guerra de Independencia, el Teniente Coronel Eulogio Pradillo, sino su apellido también. Eulogio Pradillo de la Maza demuestra desde niño una precoz inteligencia y se le destina, con el bienestar de la familia, a una carrera universitaria. La de abogado seguramente. En 1929, a sus 17 años, termina brillantemente su bachillerato. Pero las circunstancias de su familia son entonces otras. Tras de «las vacas gordas», al final de la guerra europea, la baja del azúcar y la depresión de los negocios, junto con los años y las enfermedades, la muerte de otros hijos y las ausencias prolongadas de don Jacinto Pradillo, redujeron las relaciones paternas con el amigo y protector generoso de otros tiempos al mero inquilinato informal de la misma casa de tabla y tejas por él ocupada, con su familia, desde el final de la Guerra de Independencia. Y al usufructo, sin contrato de ninguna clase, de algunas tierras circundantes. El joven estudiante, sin embargo, va a la Habana, a entrar en la Universidad, el año de 1930. La tiranía imperante le cierra las aulas. Y le abre el ancho camino de las violentas utopías sociales. Eulogio Pradillo de la Maza se siente el héroe libertario que su glorioso nombre propio le recuerda. Conspira contra el tirano y entra valientemente en actos y demostraciones revolucionarias, al lado de su homónimo Eulogio Pradillo, hijo de don Jacinto, a la sazón en rebeldía también contra el Gobierno. En 1933 se salva milagrosamente de la tortura y de la muerte, con una escapada a México, que gestiona y consigue el poderoso don Jacinto para su hijo y su supuesto «primo». Dos años más tarde, apenas curado, por las decepciones y la miseria, de su exacerbación revolucionaria, regresa a la Patria, pacificada a medias. Pero la policía, al verlo junto a sus amigos de otros tiempos, reanuda su persecución. A raíz de un nuevo atentado, en que se le supone implicado, huye de la Habana, y va a refugiarse en el que considera todavía su hogar, junto a sus padres.

    La madre. Es la madre campesina cubana que llega a su aparente impasibilidad tras de una larga vida de inhibiciones, de sufrimientos y de resignación.

    Andrea. Segunda esposa legítima de Juan. Dieciocho años más joven que su marido. Lleva un niño recien nacido en los brazos.

ACTO UNICO

La escena representa el interior de una humilde casa campesina de madera y tejas. La pieza tiene de sala de recibo y de comedor y de habitación a la vez. Se ven sillas de otros tiempos, un espejo de sala, una mesa, un aparador con restos de vajilla. Una hamaca. Puerta y dos ventanas al fondo. Una puerta lateral. Es de noche. La escena aparece débilmente iluminada por una lámpara de petróleo.

Llueve copiosamente. Por el suelo apenas seco donde las personas parecen como refugiados, se ven algunos cacharros ingenuamente detinados a recoger el agua de las goteras. Gruesas trancas refuerzan las ventanas y la puerta del fondo.

Sobre la mesa se advierten algunos platos y cubiertos como restos de alguna cena improvisada y dispersa.

En todo se advierte cierto desorden impuesto por las circunstancias.

El viejo Juan de la Maza, de pie detrás de una de las ventanas, está como en acecho del enemigo, que ha puesto sitio a la casa...

La madre está sentada en una silla baja, frente a una mesita en que flamea desesperadamente una vela, encendida a una imagen.

Juan, en camisa, con pantalones y polainas del Ejército, acaba de ingerir algún alimento y enciende su tabaco.

Andrea, con el niño en brazos, termina de servirle.

Eulogio se mueve nerviosamente de un lado a otro.

Al levantarse el telón se siente en la casa como el empujón de un golpe de viento, que obliga a todos los personajes a un movimiento incoercible de temor.

(Otra pausa. Aullido prolongado del perro).

LA MADRE.—Pues ya está como anoche. O peor.
ANDREA.—Más fuerte que antes...

(Otra racha)

LA MADRE.
ANDREA. (*Al mismo tiempo*)
 ¡Ave María Purísima!
 ¡Virgen de la Caridad del Cobre!
LA MADRE.—¿Qué es esto, Señor? (*Al viejo*) ¡Juan! Ya está peor que anoche.
ANDREA. (*Por Juan*) ¡Y éste, que ya quería esta tarde empezar a quitar las trancas!
JUAN.—¿Y qué tiene eso?
EL VIEJO.—«Ejtaba mansito ejta mañana... Verdá».

137

JUAN.—Casi que escampó. ¿No se acuerdan? Y aclarando por el lado de la loma... Después de todo...
(Otra racha, aunque más débil)

ANDREA.—Yo no quiero alarmar. Pero a mí me parece que de la tarde para acá está mucho peor.
(Otra racha. Se oye el lúgubre aullido de un perro).

LA MADRE. (*Rezando*) ¡Dios te salve María, llena eres de gracia...
JUAN.—Total: que vamos a angustiarnos otra vez, como se pusieron anoche. Para asustar a los muchachos y no sacar «ná». Si fué ciclón no nos tocó a nosotros. Y esto es «la cola». Ya verán que mañana amanece despejado...
(*Racha fuerte. Aumenta el estruendo de la lluvia.*)

EL VIEJO. *(Produciendo un ruidoso comentario mudo, gutural)* ¡Hummm! Me «paese», Juan...
EULOGIO. (*Como desfogándose de algo guardado*) ¡Qué ridículo resulta el optimismo a la fuerza, señores! (*A Juan, ya como en guardia*) ¡Vas a llegar a creer que las nubes y el viento están conspirando también contra el Gobierno!
JUAN. (*Haciendo un ademán violento*) Mira, Eulogio...! (*Se domina*) Pero no. Vale más que no te conteste. No tengo ganas de quemarme la sangre otra vez. Y por gusto...
EULOGIO. (*A Andrea, que le queda enfrente en uno de sus paseos*) Pues a ver si tengo o no razón. Es verdad que anoche nos creímos de repente que teníamos el ciclón encima. Después de todo estamos en octubre, y el tiempo no está para hacerse ilusiones, por muy satisfecho y muy optimista que se sienta uno... Pero estas rachas, cada vez más fuertes... ¡Y después de un día como el de hoy! (*Gestos aprobatorios de Andrea*) Sin embargo: ahí lo tienes...
JUAN.—¡No tienes que decírselo así a ella! (*Por su mujer*) ¡Cómo si yo fuera el acusado y ella el Jefe! (*A Andrea, que viene hacia él con gesto explicatorio*) Tú ya acabaste aquí. Anda allá adentro...
(Andrea, resignada, va hacia el cuarto)

EULOGIO.—¿Lo ven ustedes? Malo si se dice que hay mal tiempo...
(Otra racha. Andrea se detiene. Gesto de Juan, conminatorio. Vase Andrea)
¡Aguanta! Malo si se le habla a Andrea... ¡Como podía haberme dirigido a usted, o a usted...! (*Por los padres*)

JUAN.—¡Es que te conozco!
EULOGIO.—¡Dilo de una vez, hermano, y será mejor! Lo que te quema la sangre es haberme encontrado aquí, en lo que con razón consideras ya más tu casa —tuya y de tu nueva mujer— que de los viejos, en que pudiera sentirme yo también en mi casa... ¡Te lo vi en la cara desde anoche, que llegaste!
EL VIEJO.—¡No «má» lipidia, «Ulogio»! Ya eso pasó. No «emprincipien» otra «guelta»... ¡Igualito que si fueran enemigos y no hermanos...!
LA MADRE.—Ya lo estás oyendo, Ulogio. Se acabó.
JUAN.—No tengo que darle cuenta, ni a ti ni a nadie, de lo que siento y no me da la gana de gritar a los cuatro vientos. Yo no tengo tantas ganas de hablar como tú, que no haces otra cosa. (*Para sí*) Ni lo has hecho en tu vida.
EULOGIO. (*Insistente, a su padre*) Recuerda lo de esta tarde, en el corral viejo. ¿Qué fué lo que yo le dije? ¿Era acaso de Andrea, o en contra de él? ¿No salta a la vista de cualquiera? El día que venga agua de verdad —dije, y repito— el día que vengan palos y bejuco y se atasquen contra ese tubo de la alcantarilla, en el camino nuevo, todo este lado de las tierras, desde aquí mismo, junto al tinglado del fondo de esta casa, hasta la altura del terraplén del camino nuevo, va a quedar debajo del agua. ¡Y adiós puercos, gallinas, siembras: todo lo que le queda, Viejo, para no morirse de asco y de vergüenza, con la pobre Vieja y su mezquina pensión de Verterano! Usted bien que lo sabe, Viejo. Y él también, aunque parece que lo quiere ignorar... ¿Había razón para insultarse?
EL VIEJO.—Ya «to» eso «ejtá hablao» Ulogio. No hay que volver con la lipidia. «Vamo» a dejar las cosas como están. Qué Dios no lo quiera. (*Con énfasis*) ¡Qué Dios no lo quiera! Ya está.
LA MADRE.—Ya lo estás oyendo, Ulogio. Y cuando tu padre dice que no más: se acabó. No más.
EULOGIO.—Está visto, pues. Lo que está siempre de más es lo que digo yo. El, ahora, siempre tiene la razón. (*Con un sollozo abogado en la garganta*) ¡Hasta para ustedes, pobres viejos!

(Otra racha, prolongada. Y calma)

LA MADRE.—¡Virgen de la Caridad del Cobre!
EULOGIO.—Pero yo sé lo que tengo que hacer. ¡Y habré de hacerlo, aunque con ello renuncie para siempre a ustedes... (*El sollozo le corta al fin la palabra*)
JUAN.—Lo que has hecho siempre, con tus lagrimitas. Hacerte la víc-

tima aquí, entre nosotros... Y largarte enseguida para el pueblo. O a la Habana. (*Pausa*) Pero sábete que los viejos no tienen ya un centavo que darte. Como se los sacabas a tu gusto, cuando eras estudiante. (*Con sorna*) ¡Cuándo eras la esperanza de la familia! (*Pausa*) ¿Qué digo de la familia? El nuevo Eulogio Pradillo: ¡la esperanza de la Patria!

EL VIEJO: (*Enérgico*) Aguanta la jaca, Juan. La cosa ha de «sel parejo» ¡«Cuidiao» con mentar ese nombre «sagrao» «pa choteo»! Deja a esa sombra «descansá» tranquila en su tumba. Y que no venga a «bel» las cosas que están pasando. ¡Dejala!

EULOGIO. (*Con sincera dulzura*) ¡Parece mentira, Juan, que no te des cuenta de las circunstancias! O es que no quieres entender, por más que te lo diga. (*Pausa*) Me has encontrado aquí sencillamente porque no tengo adonde ir. No sabía una palabra de que te hubieras vuelto a casar últimamente... ¡Y no quiero ni pensar siquiera —¿me oyes bien?— ni pensar siquiera, que hayas tomado mis familiaridades con Andrea como indirecta falta de respeto! Ni a ti ni a ella. La camaradería revolucionaria de los tiempos de acción directa continua, sin preocupación sexual de ninguna clase, me ha dejado este hábito de confianza con las mujeres de mi edad... Andrea y yo —además— hemos jugado juntos, de muchachos...

JUAN.—Vamos dejando a Andrea a un lado. Y de una vez. ¿Me oyes? Porque si insistes por ahí sí que no vamos a entendernos. Conque cambia de asunto y pronto. Que no se hable más de eso.

EULOGIO.—Puesto que tú lo exiges: que así sea. (*Breve pausa*) Lo que me importa verdaderamente es explicarte que si vine aquí, a la que consideraba mi casa, fué porque no tenía adonde ir. Demasiado bien comprendes que estoy perseguido. Y despiadadamente. Señalado y no para la cárcel: como en aquellos tiempos en que conspirábamos juntos. ¡Cómo en aquellos tiempos del ideal revolucionario puro, de lucha tenaz contra la tiranía, el robo y la desvergüenza! La lucha que nos reunió en la misma celda de una prisión al otro Eulogio Pradillo, el hijo del poderoso don Jacinto; a ti, ex-colono arruinado y ex-cabo de la vieja Guardia Rural: patriota sincero, revolucionario por exasperación... y a mí, pobre estudiante fracasado. Ahora estoy perseguido y señalado no para la cárcel sino para algo peor... (*Significativo*) que tú sabes bien... (*Gesto de Juan*) ¡aunque no lo hayas hecho tú nunca, te digo! Ni te sientas capaz de hacerlo contra un semejante...

JUAN.—¡Cállate o te...!

EULOGIO.—¡Pero eso se está haciendo, Juan: y tú lo sabes!
LA MADRE.—Está «güeno», Ulogio: está «güeno»!
JUAN.—Ya lo ven ustedes. No abre la boca sino para eso. Para provocar. Para sacar que conspiramos juntos, que estuve yo también en la cárcel, que el hijo de don Jacinto es esto y lo otro, que la revolución por aquí y la revolución otra vez por allá. El es la víctima, el perseguido, el que tiene la razón en todo... ¡y todos los que no pensamos como él y queremos que haya al fin orden y paz en Cuba: todos los que nos proponemos que los cuatreros y los ladrones se vuelvan a llamar así, en dos palabras, cuatreros y ladrones, y no «revolucionarios» como se dicen ellos: nosotros somos unos traidores... y unos asesinos!
EULOGIO.—Eres injusto, Juan. Eso no es cierto.
JUAN.—Y yo quiero que me digan qué hago yo si mañana, cuando vuelva al cuartel, me encuentro con que hay orden de prenderlo!
EULOGIO.—Nadie sabe que estoy aquí, Juan. ¡Déjame de una vez decírtelo! Déjame hablar. Te repito que nadie del pueblo me ha visto. Vine desde Hatillo a pie, por el monte, de noche. Del automóvil que me trajo hasta Hatillo me tiré del otro lado del puente, antes de la bodega, que a esa hora estaba cerrada. Vi después cuando pararon el automóvil y los registraron a todos. Y los dejaron pasar sin novedad. El arroyo tuve que cruzarlo a nado, te digo, porque ya estaba crecido con la lluvia de estos días atrás. Ten la seguridad de que nadie ha podido seguirme la pista, porque desde que estalló la bomba de «La Aurora» me suponen huyendo otra vez para México. A Eulogio García, «El Guajiro», la policía lo confundió conmigo. «El Guajiro» sí estaba complicado en esa acción. Y lo embarcó un amigo: el mismo que nos embarcó al hijo de don Jacinto y a mí, para México, el año treinta y tres. La bomba me la atribuyeron a mí porque sí, porque me tienen ganas. ¡Porque me les he escapado ya tres veces! ¿Sabes quien me delató esta vez? ¡Casimiro Alonso!
JUAN.—¡No «pué» ser! Mentira...
EULOGIO.—El canalla que para hacerte hablar te puso el cepo ahí, en la cárcel de Hatillo. Pues Casimiro Alonso está ahora con «ellos». Y sé que ha jurado matarme...
JUAN.—A Casimiro Alonso lo usarán por allá mientras no lo conozcan. Pero: ¡que no se le ocurra venir por aquí!
EULOGIO.—Así andamos, te digo. Ahora se echa mano de cualquiera que esté dispuesto a todo. Así vivimos en Cuba, mezclando los odios y rivalidades personales con los de la política...

Pero Casimiro me supone en México. Yo salí de la Habana disfrazado, como chofer de una familia amiga, de Sancti Spíritus. Nada tienes que temer por mi presencia aquí. Yo te garantizo que contra mí no hay orden de prisión. (*Acercándose conciliador*) Yo te juro Juan, que desde que volví de México no me he metido en nada. Te lo juro...

JUAN.—¡Bien podías haberte quedado por allá... y no venir aquí, a amargarle a uno la vida! (*Como aceptando la conciliación*)

LA MADRE.—Ahora tú, Juanito, por favor. ¿Qué esto no se va a acabar nunca? Vamos. Dense un abrazo... ¡y en paz!

(Nueva racha fuerte, sibilante)

¡María Santísima! ¿Qué es esto?

JUAN. (*Rehuyendo disimuladamente*) A mí, después de todo, no me importa. En cumpliendo su deber de uno, no hay de qué arrepentirse. Antes que ahora y que colono, con diez mil pesos míos en el banco, fuí guardia rural. Y mis galones no me los gané entregando a nadie, ni persiguiendo a inocentes. Nunca hice nada con el uniforme que no pudiera hacerle a otro hombre sin él: ¡y frente a frente! Y si no que lo diga ese canalla de Casimiro Alonso...

EULOGIO.—Yo te entiendo mejor de lo que tú supones, Juan. Demasiado sé que te estás sacrificando por ellos. (*Por sus padres*) Que con lo que ganas ahora podrías vivir mejor solo, en el pueblo, con tu mujer y tus hijos. Yo comprendo tus deseos de que haya paz. Eres hombre de trabajo y de orden. Has sido siempre el mejor de los hermanos. Para los viejos y para todo el mundo. (*Pausa*) Yo, en cambio, no sirvo para nada. He fracasado en todo...

(Otra racha fuerte)

LA MADRE.—¡Virgen de la Caridad del Cobre! Nos tumba la casa...

EL VIEJO. (*Produciendo su comentario gutural mudo*) ¡Hummmm! Ejtá feo, Juan, muy feo... ¡Ejto ejtá» peor que anoche!

EULOGIO.—¡No se acabara el mundo de una vez!

LA MADRE.—¡Cállate, Ulogio! Nos vas a traer la maldición con tus «renegaciones...»

EULOGIO.—¡Perdóneme, vieja! Es que se me juntan cielo y tierra de estar así, cruzado de brazos, sin servir para nada, sin poder hacer nada. Yo nunca tuve la cachaza de éste... (*Por Juan*)

EL VIEJO.—Y ¿qué «bamo jasel?» Ya «to» lo que había que «hacel»

se hizo anoche. Ahora, a «haselse el muerto». Y que el enemigo no nos vea.
(Otro aullido prolongado del perro. Dentro de la casa se oye el llorar de dos niños. 8 y 10 años.)

JUAN.—¿Qué fúe? ¡Andrea!
ANDREA. (*A la puerta*) Tus hijos, Juan. Se han «despertao empapaos», los «probesitos». Ven a rodar la cama «p'alante l'escaparate».
(Movimiento de la Madre y de Eulogio.)
JUAN. (*Deteniéndolos*) Quédense aquí. Voy yo solo...
(Vanse Andrea y Juan.)
EULOGIO. (*Sentándose, resignado*) Tienes razón, Viejo. Vamos a hacer como hacías tú en la guerra, cuando se te acababa el parque y la guerrilla te venía encima. Hay que hacerse el muerto. (*Breve pausa. Otro golpe de viento. Furioso, de repente*) ¡Qué más quisiera yo, caray, que estarlo de verdad: y de una vez!
LA MADRE.—¡No provoques más a tu hermano, Ulogio, por favor! Cada vez que abres la boca es para...
(Racha prolongada. La Madre se persigna y sigue sus rezos)

EL VIEJO.—Ahí en ese cuarto, cuando el viento está de «ejte lao», llueve más dentro que fuera. Ya se lo he dicho al «ostinao». Por Semana Santa se lo dije, que hacía buen tiempo, pa arreglarlo. «Toas», las tejas están sueltas. Pero... no sé. No sé. No «quié hasel ná». «Paese» como que la casa ya no le importa. Que ya «ná» de aquí le da «cuidiao»...
(Larga pausa. El perro aulla)

EULOGIO.—Viejo: me parece que el viento ha cambiado...
EL VIEJO.—Ha «cambiao». Yo lo «vide» antes. «Desque» cayó la noche, que «emprincipió» a soplar «asina» otra «guelta»...
(Otra pausa. Aullido prolongado del perro.)

LA MADRE.—¡Jesús nos ampare! Eso es mala seña, Juan. León no aullaba anoche «asín»...
EULOGIO. (*Con acento de profundo terror*) Esto es la recurva, Viejo.
EL VIEJO. (*Como un eco*) ¡La recurva!
EULOGIO.—Un giro regresivo del ciclón, que centuplica su fuerza.

143

Lo de anoche pasó lejos. Juan tiene razón. Pero esto bien puede ser la recurva. Y que nos coja por el centro ahora a nosotros. Por el vértice, como se llama... No: el vértice no. El vórtice. Eso es: el vórtice del ciclón...

EL VIEJO.—Así fué uno, «bravo verdá», allá por la Habana, el año veintiséis. Tú acababas de salir para allá. Y mandaste después los «pedióricos», que todavía andaban por ahí hasta el otro día. Una palma «atravesá» por un «jierro» grande, asina... ¿Te recuerdas? Diez años que hace de eso. Y «entuabía» me parece que fue ayer.

EULOGIO.—El año que empecé yo mi bachillerato. Mil novecientos veinte y seis. Del ciclón me acuerdo como si fuera ayer, es verdad...

EL VIEJO.—En tus cartas no nos hablabas del «ciclón», sino de la «recurva». Todo era «la recurva»... y aquí ni te entendíamos.

EULOGIO.—Del ciclón me acuerdo como si fuera ayer. Pero de todo lo demás: ¡al contrario! Me parece que no he vivido desde entonces diez, sino cien años. Me parece que no soy el mismo que salió de esta casa lleno de Ilusiones, de fe en mí mismo, a ganarme un título y triunfar honradamente en la vida. A triunfar como bueno...

EL VIEJO.—Pues tan brava que fué por la Habana esa recurva, como tú le dices: ¡y aquí no hizo daño apenas!

EULOGIO.—Yo los lloré por muertos, por desaparecidos. Hasta que recibí tu carta, como un mes después, acusándome recibo de las revistas que te mandé...

EL VIEJO.—«Entuabía» no había venido el americano ése, que le metió en la cabeza a don Jacinto lo del camino nuevo, «pa dil» derecho a la casa, desde la carretera nueva... ¡«Condenao camino!

EULOGIO.—¡Cómo que ellos no van sino a lo suyo! ¿Qué les importamos nosotros, ni esta tierra, que es tuya...? Que debía serlo, por lo vemos.

LA MADRE.—¡No saquen eso del camino nuevo otra vez, Señor! Y ahora has sido tú, Juan. Parece mentira...

EULOGIO.—Pero a ver: ¿por qué no se puede ni mentar siquiera ese asunto? El terraplén tiene por ahí más de tres metros de alto. Y el tubo es un desagüe insuficiente. No se necesita ser ingeniero para verlo. Si ese tubo se atasca el agua va a llegar hasta aquí. ¡Y adiós animales, repito, adiós siembras y todo el trabajo del Viejo! Es imposible que Juan no lo vea así...

EL VIEJO.—Lo ve... y se aguanta. Pero se «endemonia» o se «juye»

en cuanto que se le habla del «condenao» camino ése... ¡Y Dios no lo quiera, no! No lo quiera Dios...
LA MADRE.—¡No sigas, Juan, por los clavos de Cristo! Te está oyendo...
EULOGIO.—¡Pero es inconcebible que se obstine así...!
LA MADRE. (*Imperativa*) ¡Ulogio! (*Seña de que calle*) ¡Psch! ¿Tú no oyes? (*en voz baja*) El año pasado, y el otro y «tos» los años ha caído tanta agua como ahora. Y no ha «pasao ná»...
EL VIEJO.—«Ta güeno». Ahora cállate tú...
LA MADRE. (*Lo mismo*) Y el año seis —¡acuérdate!— el año seis no había nada de «eso» de ahora. ¡Y de esta casa, de aquí mismo saqué yo a los muchachos con el agua por las rodillas!
EULOGIO.—¿El año seis? Pero entonces...
EL VIEJO.—«Verdá»... El años seis. Tú no habías «nacío». Ni la niña, que Dios tenga en su gloria. Tu hermano Juan estaba como su hijo Juanito ahora. (*Midiendo con el gesto*) «Asina». Y esta «probe» estaba aquí sola... que a mí me agarró en la Habana. Cuando me lo dijeron allá en la oficina de don Jacinto y arranqué «pacá a las cuatro patas», y llegué aquí sin topar con nadie, y me encontré esta casa vacía! ¡«Carijo» y qué «espantá»! Ni acordarme quiero. A ésta, con Juan, Nicasio y Nicomede los tenían «arrecogíos» don Jacinto y doña Luisa allá arriba, en la casa vivienda del ingenio... Es «decil»...
EULOGIO.—El castillo del señor feudal...
EL VIEJO.—¡De lo que se le decía «entuabía» el ingenio, que no volvió a serlo después de la guerra!
EULOGIO.—El palacio para los visitantes yankis, que estará ahora seco, y firme, y riéndose del ciclón, de la recurva... ¡y de nuestras angustias, en esta pocilga!
EL VIEJO.—La recurva. Asimismo se llama. ¡Sola vayas!
LA MADRE.—No hablen más de eso, por favor. Pónganse a rezar, que falta hace...
EULOGIO.—En la Habana, por lo menos, sabe uno a qué atenerse. El Observatorio Nacional publica las noticias por anticipado. Sabe uno a qué atenerse. Aquí, nada. Ni un mal radio por donde oír noticias. Cuarenta horas lloviendo. Y el viento arreciando de hora en hora. ¡Y uno aquí, dentro de una cocuyera como ésta, cruzado de brazos! ¿Qué vamos a hacer, Viejo, si esto sigue como va? No hay que hacerse ilusiones. Esto es la recurva...

(Vuelve Juan preocupado, y se sienta en su silla)

LA MADRE.—Callarte, Ulogio. Que con hablar y maldecir no se remedia nada...
EULOGIO.—¡Ni con rezar tampoco, Vieja! Eso está bueno para usted...
EL VIEJO.—«Vamos»: deja a tu madre quieta. (*A ella*) Y tú, no le hagas caso. En la Habana es lo mismo que aquí. Se trancan las puertas. Y las mujeres encienden velas, como tú, y se ponen a rezar. Y el «oservatorio» y los «pedióricos», y las noticias y «tó» eso no sirve más que «pa» asustar más a la gente.
LA MADRE.—¡Castigo de Dios! Esto es castigo de la Divina Providencia, por todo lo que se está haciendo...
JUAN.—En la Habana, por lo menos, como en el pueblo, las casas están amarradas unas contra otras. Y se defienden mejor del viento, si no del agua. Y los techos no son esas tejas, que están todas bailando. (*Al Viejo*) Este año debimos de repasar estos techos, Viejo. Ese cuarto está que... que no puede estar peor. Ya es lo mismo que estar a la imtemperie...
EULOGIO.—El chalet de don Jacinto Pradillo, en cambio, estará intacto: indemne. Y para nadie, porque estamos en octubre...
EL VIEJO.—«Pos» mira que estás «equivocao»...
JUAN.—El año pasado...
EL VIEJO.—El año pasado, con un vientecito que apenas tumbó unas matas, «tó» el portal del frente vino abajo...
EULOGIO.—El portal ése no era el viejo portal de la casa-vivienda, precioso por cierto y del que yo me acuerdo todavía, sino un parche. Un parche a la americana que le pegaron a la casa por capricho «picúo» de los «pepillos» de sus hijos. ¡Para quitarle a la casa lo que más tenía de cubano!
EL VIEJO.—«Pa» quitarle lo que más tenía de cubano. Verdad. Tumbaron «tos» los árboles de alrededor, «pa hasel» esos canteros de yerba que hay que rapar «tos» los meses, como las cabezas de los muchachos... ¡«Cuidiao» que esa casa-vivienda era linda! «Loj-españole» la dejaron en ruinas. Rompieron las puertas «pa-sel» leña. En el baño metían el pienso. El comedor grande lo cogieron «pa» caballeriza. Y «to» en venganza contra la familia. Por lo que les «hasía correl» Eulogio Pradillo. El día que lo asesinaron a traición —¡porque nos traicionó el padre de ese «malnasio» de Casimiro Alonso que ahora nos odia!— le dieron candela a lo que quedaba de la casa y a «tó». A «tó» le dieron candela. Y «dispué», en «loj-parte», dijeron que «loj incendiarios» y asesinos éramos nosotros, los mambises. «Loj» insurrectos, «pa» elloj, éramos «tos» unos bandoleros...

EULOGIO.—Eulogio Pradillo fué.mártir de una causa noble y justa. Como lo fueron Agramonte, Martí, Maceo... ¡y tantos otros! Yo no olvido que por él llevo el nombre que llevo. En la Universidad me confundieron con el hijo de don Jacinto y quisieron «relajearme» por lo de «Pradillo» agregado como nombre, antes de mi apellido verdadero. Los hijos de los nuevos ricos de la Habana no saben ya quién fué Eulogio Pradillo...
EL VIEJO.— ¡Eulogio Pradillo, Teniente Coronel del Ejército Libertador de Cuba, fué más hombre y más grande que todos esos «majasej y plateaoj» de hoy, con «toas» sus pretensiones!
JUAN.—¡No empieces ahora con las tuyas, Viejo! No está la «madalena pa tafetane».
EULOGIO.—Del único Pradillo que saben esos «pepillos» es de don Jacinto, el usurero del hermano. Que no se fué a la manigua sino a España. Y que se consagró después a adular a los norteamericanos, y a hacer de sus hijos unos «yankitos» de relajo: que ni son cubanos, ni americanos ni nada...
JUAN.—¡Ya salió aquello! El que no está metido en nada...
EULOGIO.—¿Acaso no es verdad lo que digo? Mira al hijo de don Jacinto: a mi tocayo. Muy revolucionario, que todo lo quería hacer él, por su cuenta. ¡Y lo que hacía era comerciar con los cartuchos de dinamita que escondía ahí, en el chalet del padre! El padre y él se le «reviraron» al Tirano cuando no pudieron sacarle más partido, con los sub-contratos de la carretera...
JUAN.—El hijo de don Jacinto hizo tanto como tú, pretencioso...
EULOGIO.—Padre e hijo estuvieron al lado del Tirano hasta última hora. ¿Puedes negármelo? (*Juan calla*) Y don Jacinto hizo dinero con los subcontratos de la carretera. Eulogio tenía una «botella» de Obras Públicas. ¿Puedes negármelo? (*Juan calla*) Y cuando se acabaron los famosos «adelantos» de los banqueros americanos, y empezó la miseria a cundir en los campos —que en realidad nunca dejó de haberla, apesar de los lujos, allá en la Habana— entonces fué que el señor Pradillo se sintió cubano y patriota, y su hijito revolucionario: ¡dinamitero!
JUAN.—«Malagradesio» es lo que eres. Porque si no es por él te la arrancan...
EULOGIO.—Hasta que yo me enteré y le desbaraté el negocio, cobraba por la dinamita que le robaba al padre. El solo la sacaba de ahí, de la casona esa, y la escondía en la casa de la novia, que acabó por convencerse de que él no sentía la Revolución. Cogía dinero, sí señor, con la «obra» de que él tenía que sobornar à los empleados del Gobierno que le facilitaban los cartuchos. La

147

gente de «La Porra» lo conocía mejor que nosotros, que lo tomábamos en serio como revolucionario. Acaso le deba yo la vida, es verdad. A él y a su padre. Pero a mí lo del embarque me salió de sorpresa. Y ahora hasta me avergüenza. ¡Más me hubiera valido morir despedazado, pero lleno de fe, antes que sobrevivir para ver lo que veo...!

JUAN.—¿Y qué es lo que ves, «malagradesío»? ¿Estaba el país mejor cuando ponían ustedes sus bombas, y mataban a derecha e izquierda, cuando asaltaban y robaban y secuestraban a discreción...?

EULOGIO.—Yo no he dicho eso, Juan: ¡no me enredes!

JUAN.—Tú lo que le tienes a los Pradillo es mucha tirria. Envidia. Eso es. Te quita el sueño lo que tienen los otros... Envidia. ¡Si la envidia fuera tiña...

(Otra racha.)

EULOGIO. (*Apesar de las señas de los viejos*) ¡Yo lo que pienso es que mientras nosotros corremos el peligro de morir aquí, como ratas, el palacio ése de don Jacinto Pradillo está deshabitado, vacío, inútil, porque los señores propietarios no lo necesitan...

JUAN.—«Pa» eso son ricos...

EULOGIO.—¿Y por qué son ricos?

JUAN.—Porque tienen dinero. Porque la casa, tierras, y esta casa y «tó» es suyo. El Viejo no tiene contrato de nada, ni vive aquí por otra consideración que la de haber vivido así toda su vida. En otros tiempos fué socio de don Jacinto, y le dió a ganar dinero con las crías, y la miel de abejas... ¡y todo aquello! Tú nunca entendiste de nada de eso, aunque estudiabas para abogado. Eras abogado de mitin. Pero hoy... hoy vivimos aquí como de lástima, para que lo sepas...

EL VIEJO.—No: eso no, Juan. No hay que «desajerá»...

LA MADRE.—¡No más, señor, por los clavos de Cristo!

EULOGIO.—Yo sé todo eso que me dices. Y más. (*Con énfasis*) ¡Pero no me resigno a que siga siendo así! (*Pausa*) Ni don Jacinto ni sus hijos han hecho esa fortuna que hoy tienen trabajando...

JUAN.—Si no ellos, sus padres, sus abuelos... Siempre ha habido en el mundo unos hombres más ricos que los otros. Los envidiosos y los «fatos» como tú son los que piensan en un mundo de otro modo, donde todo —hasta las mujeres— sea de todos. ¡Y nadie trabaje! (*Gesto de Eulogio. Pausa*) Los Pradillo nacieron ricos.

EULOGIO.—¡Nacieron ricos! Sí. Pero mientras Eulogio nació

valiente y generoso, y supo morir peleando por un ideal, su hermano Jacinto nació cobarde, y egoísta y usurero. ¡Y el mundo parece hoy suyo!
JUAN.—Así piensan los envidiosos y los fracasados como tú. Por mí, allá que se las arreglen con lo suyo. Lo que dice la Vieja: a quien Dios se la dio, San Pedro se la bendiga. Yo sólo me ocupo de lo que me importa...
EULOGIO.—Si Dios para dar a unos tiene que quitárselo a los otros, en nada se diferencia de cualquier usurero como don Jacinto. ¡Sí! Que para hacerse rico y dejarle «algo» a sus hijos tuvo que explotar al Viejo como lo ha explotado toda su vida —¡y a ti mismo, aunque tú te lo niegues! (*Pausa*) En el negocio de la colonia lo que él ganó lo ganó en firme. ¡Y tú saliste con más deudas que pelos en la cabeza!
LA MADRE.—Dejen a Dios y los santos tranquilos, Señor! ¡Qué parece que el viento les ha soltado la lengua! Recen y encomiéndense a algún santo. Están «condenaos»...
EL VIEJO. (*Observando un punto en el suelo*) ¡Por aquí yo nunca había visto salir bibijagua... y mírenla: esta hendija tá cuajaíta!
JUAN.—Así está éste. (*Por Eulogio*) El bibijagüero ése que los libros le han metido en la cabeza es lo que no lo deja vivir. Eso es lo que se aprende en la Universidad. ¡Partida de vagos, que lo que quieren es vivir de lo que tiene el otro! Mucho socialismo, y justicia social: ¡y «tó son cuento»! Ninguno de esos «picos de oro» han «doblado el lomo» en su vida...
EULOGIO.—Como yo, ¿verdad? que nací en los buenos tiempos de José Miguel, y fuí al colegio, y al Instituto, con el dinerito seguro a fin de mes... mientras tú trabajabas, sí, como has trabajado toda tu vida, con la esperanza de ser rico un día, por tu mero esfuerzo, honradamente. Pero rico sin Universidad y sin libros: ¡La vieja ilusión de tanto cubano equivocado!
JUAN.—Y si no millonario —que yo no aspiro a eso— me he visto alguna vez con más pesos en el bolsillo que verás tú reunidos en toda tu vida, con toda tu Universidad y tus libros. Y deja que suba un poco ahora el azúcar, para que veas. Si la otra vez me cogieron de bobo —según tú dices— ahora será la cosa diferente. Ahora mandamos nosotros...
EULOGIO.—Te estoy dando la razón. ¡Y tú me la das a mí, completamente! Parece, sin embargo, que no podemos entendernos. ¿Por qué? Por ese menosprecio tuyo a la cultura universal, por esa obstinación tuya en no sacar el problema de Cuba fuera de la influencia de estos hombres funestos, cuya única preocupación

es continuar su sistema colonial de explotación, con el trabajador cada día más pobre, más desesperado: ¡y menos libre para decir lo que siente y lo que quiere!

EL VIEJO.— No sigas por esa «verea», Ulogio. Ya te'mo «oío bajtante».

EULOGIO.—Si yo envidio a los ricos, como tú dices, tú envidias y desprecias a los hombres inteligentes y capaces de verdad... no a mí, que soy un pobre estudiante fracasado. Y con mi envidia se escribe la Historia, mientras que con la tuya no se sale nunca de las leyendas y tradiciones. Ni de la roña, ni de la injusticia, ni del hambre... (*Por todo*) ¡De esto, aunque tú no lo sientas!

JUAN.—¡Historias!Ahora sí que lo dijiste: historias...

EULOGIO.—¿Y si no es por el Viejo, que creyó en esas «historias» y se fué a la Guerra de Independencia: ¿qué serías tú ahora? ¿Qué seríamos todos?

JUAN.—La Guerra de Independencia fué otra cosa. Ustedes los «revolucionarios» de hoy, no tienen derecho ni a hablar de ella.

EL VIEJO.—¡Ya «ejtá güeno, Juan:» «tá güeno...!»

EULOGIO.—Ya sí. Martí y la Independencia es cosa de ustedes. Es obra terninada. No hay que hablar más de ella. Ustedes, los accionistas, los bonistas de la empresa, son los únicos que tienen ese derecho. Pero: ¿y ahora qué? Has trabajado toda tu vida como bueno. Ni ron, ni mujeres, ni gallos, ni barajas te trajeron a esta miseria de hoy, de la que sueñas otra vez con salir, fiándolo a la suerte: ¡al alza del azúcar! Y apelarás otra vez a don Jacinto Pradillo. Para salir perdiendo, como la otra.

JUAN.—¡El perdió más que yo, para que lo sepas! Así es todo lo que dices.

EULOGIO.—Perdió más en bulto,pero no en relación a lo humanamente necesario para la vida. El perdió sobrantes y tú, cuanto tenías.

(Racha más fuerte.)

¡La prueba la tienes ahí, en ese caserón vacío, atestado de lujos, que se ríe de todos los elementos desatados mientras esta casucha en que nacimos todos —y ni siquiera es nuestra— amenaza ruina! Y aquí están tus hijos, mientras que los de él pasean por Europa o los Estados Unidos, irresponsables y felices.

(Otra racha, más débil)

Si él pierde un día un millón en sus especulaciones, los banqueros —que pueden hacer lo que les dé la gana del dinero ajeno y nadie los llama ladrones— le ofrecen al día siguiente a Jacinto Pradillo otro millón. Porque él es hombre de presa. Sabe engañar, explotar y arruinar a los infelices. ¡Pone el dinero a sacar intereses, que es lo único intangible en nuestra sociedad «civilizada», más allá del derecho a la vida!

(Racha más fuerte)

LA MADRE.—¡Virgen de la Caridad del Cobre: ampáranos!
EULOGIO.—¿Qué hacemos, Viejo, qué hacemos?
LA MADRE. (*Orando, en un murmullo, mientras sigue el diálogo*) ¡Santo, santo, santo! Señor Dios de los ejércitos, Llenos están lo cielos y la tierra de vuestra gloria...

(Racha más fuerte. Andrea aparece en la puerta lateral, con el niño en los brazos.)

ANDREA. (*Despavorida*) ¡Juan! ¡Déjame venir «pa cá»! Ven tú... !Los muchachos, Juan! ¡Tus hijos!
JUAN.—¿Qué pasa? A ver...
ANDREA.—Tráelos «pa cá». Si... Ya en ese cuarto no se puede estar.

(Otra racha. Juan corre adentro. Eulogio va a seguirlo y se detiene. El Viejo refuerza a golpes las trancas de la ventana.)

EL VIEJO.—¡Trae acá «l'hacha» Ulogio!
EULOGIO.—¿Dónde está?
EL VIEJO.—Ahí detrás de esa silla...
ANDREA. (*Junto a la Madre, sollozante*) ¡Estela, vieja: qué va a ser de nosotros?
LA MADRE.—¡Santo, santo, santo! Señor Dios de los ejércitos...
ANDREA. (*En el mismo tono. Y sigue con la madre, mientras prosigue lo demás del diálogo*) Llenos están los cielos y la tierra de vuestra gloria...

(Otra racha. Vuelve Juan con dos criaturas pequeñas, de 8 a 10 años, arrebujados en mantas y medio desnudos. Eulogio y El Viejo refuerzan a golpes de hacha las trancas.)

JUAN. (*Lleva a los muchachos junto a la Madre, que los acoge, uno a cada lado, sin dejar de rezar*) ¡No lloren, señor! No pasa nada. Vamos. Aquí, con la abuela. Quietecitos... (*Al Viejo*) Ya están volando las tejas. Ya hay un «juraco» así... La tabla también.

(Otra racha fuerte. Se oye el ruido de algo que se derrumba, fuera, en el estrépito sordo de la lluvia.)

EL VIEJO. (*Disponiéndose a salir*) ¡Eso es el cobertizo de la cocina!
JUAN.—¿Dónde va, Viejo? (*Lo detiene.*)
EL VIEJO.—¡El «Rosillo», Juan! La puerca... León...!
JUAN.—¡Déjelos, Viejo... No sea bobo! ¡No se «pué» salir...
EULOGIO. (*Dejando su operación, hacha en mano, y volviéndose*) ¡Pues vamos a morir todos como ratas, Juan! Hay que dejar la casa...
JUAN.—¡Ni locos, ignorante!
EULOGIO.—¡A la casa! ¡Vamos a la casa-vivienda!
JUAN.—¡Cobarde! ¡El miedo te hace ver visiones!
EL VIEJO.—No se «pué», Ulogio... Ya no hay quien salga «p'afuera...»
EULOGIO.—¡Salgo yo! (*Empieza a dar golpes a las trancas de la puerta, en sentido contrario a su resistencia*) ¡Si soy yo el cobarde, déjame! Yo sé bien lo que tengo que hacer...
JUAN.—¡Deja esa tranca! (*Va hacia el fondo.*)
EL VIEJO. (*Casi al mismo tiempo, pero deteniendo a Juan*) ¡Deja esa tranca, Ulogio! Pero tú: (*Por Juan*) ¡quieto! No vengas tú a «trael maj dejgrasia»...
ANDREA.—¡Juan! (*Y sigue su rezo*) Ya el sol ardiente se aparta...
LA MADRE. (*Lo mismo*) Y así, luz perenne, unida, en nuestros pechos infunde Amor, Trinidad divina...
EULOGIO.—¡Si ustedes no se atreven, yo iré sólo! ¡Para algo servirá la dinamita de los traidores a la Revolución!
JUAN. (*Luchando con su padre*) ¡Déjeme, Viejo! De aquí no sale vivo el «desgrasiao» ése...
EULOGIO.—¡Si tú has prohibido que se hable de la alcantarilla ésa, es porque sabes demasiado que es la ruina del Viejo! Y yo sé cómo hay que manejar esos cartuchos: ¡hasta debajo del agua!
EL VIEJO. (*Encarándose con su hijo, a quien aguanta vigorosamente*) ¡Pué yo voy con él, «pa» que lo sepa!
JUAN.—¡Adonde él va es a la casa, a volarla con esa dinamita que yo he querido entregar y tú no me has dejado! Lo que él quiere no es salvarte de la ruina. ¡Mentira! Sino acabar con la casa del otro. El ya no piensa en ti, ni en nosotros, ni en nadie. No sabe más que odiar. No tiene más impulsos que matar, que acabar con el mundo. ¡Cobarde, «malnasío»!
EL VIEJO. (*Soltándolo*) ¡«Vamo loj tré-jentonse»...!
(Eulogio golpea la tranca furiosamente, Juan, al verse libre, va en busca de su revólver, que esgrime, amenazador.)

JUAN.—¡De aquí no sale nadie!

EL VIEJO.—¡No, «asina» no! Que aquí estoy yo... (*Forcejea resueltamente con el hijo*)
JUAN. (*Sin puntería*) ¡Deja esa tranca! ¡Deja esa tranca, «malnasio», o te mato...!
(La puerta se abre de par en par. El viento, furibundo, entra como un solo chorro de agua en torbellino. Todo queda a obscuras. Los niños lloran desesperadamente.)

LA MADRE.
EL VIEJO.
ANDREA: (*Al mismo tiempo*) ¡Juan! ¡Ulogio! ¡Hijos! ¡Juan! ¡Ulogio! ¡Juan! ¡Juan! ¡Juan! ¡Tu hijo! ¡Tus hijos!
(Las sombras de Juan y de Eulogio se hunden, por el fondo, en la vorágine del huracán.)

TELON

INDICE

Introducción 9
Bibliografía activa de José Antonio Ramos 29
Bibliografía pasiva sobre José Antonio Ramos 32
Calibán Rex
Estudio preliminar 39
Texto de la obra 45
El traidor
Estudio preliminar 99
Texto de la obra 107
La recurva
Estudio preliminar 125
Texto de la obra 133